本书受“海南大学2016年度自编教材资助项目”资助
项目编号：Hdzbjc1608

基础会计实训：

手工账务处理教程

王荣光　王许寨　主　编

中国财经出版传媒集团
中国财政经济出版社

图书在版编目（CIP）数据

基础会计实训：手工账务处理教程／王荣光，王许寨主编．—北京：中国财政经济出版社，2016.9

ISBN 978－7－5095－6966－5

Ⅰ．①基…　Ⅱ．①王…　②王…　Ⅲ．①会计学－教材　Ⅳ．①F230

中国版本图书馆 CIP 数据核字（2016）第 220807 号

责任编辑：宋学军　　　　　　责任校对：杨瑞琦

封面设计：耕　者

中国财政经济出版社 出版

URL： http：//ckfz. cfeph. cn

E－mail：ckfz @ cfeph. cn

社址：北京市海淀区阜成路甲 28 号　邮政编码：100142

营销中心电话：010－88190406

天猫网店：中国财政经济出版社旗舰店

网址：https：//zgczjjcbs. tmall. com

北京财经印刷厂印刷　各地新华书店经销

787×1092 毫米　16 开　21 印张　336 000 字

2016 年 9 月第 1 版　2016 年 9 月北京第 1 次印刷

定价：58. 00 元

ISBN 978－7－5095－6966－5/F・5580

（图书出现印装问题，本社负责调换）

质量投诉电话：010－88190744

打击盗版举报热线：010－88190492、QQ：634579818

前　言

在公元前3000年左右的一些文明古国如巴比伦、亚述和苏美尔流传至今的某些记录中，就已存在着复式簿记的某些形式。在中国的周朝（公元前1122年~公元前256年），政府会计就已扮演了重要和复杂的作用。在古希腊，财政大臣Appolonius的大量不动产的管理者Zenon在公元前256年就采用了一套精细的责任会计制度。而在古罗马，法律要求纳税人编制其财务状况表，公民的权利与其纳税申报的财产等级有着直接的关系。这些都是系统化簿记的萌芽。著名的会计史和会计理论学家A. C. 利特尔顿列出过产生系统化簿记的七个前提条件：书写艺术、算术、私有财产、货币、信用、商业和资本。

目前普遍认可的完整意义上的复式簿记发源于1250年至1400年间的意大利。最早的复式簿记可以追溯到1340年热那亚的Massari，那时，意大利的商人就已将会计作为管理控制的工具。1494年，卢卡·帕乔利，一位方济各会的行乞修道士，出版了他会计史上有名的专著《算术、几何、比与比例概要》。该书的第二章“计算与记录详论”描述了当时盛行的“威尼斯方法”，即复式簿记的方法。帕乔利的这本著作被翻译成多国语言，对意大利会计方法的传播起到了重要的作用。

会计作为一门多重范式的科学，在社会体制发展的不同阶段和不同的经济发展背景下，可以有不同的表现形式。作为学习基础会计的起步者而言，明确现行有效的会计核算方法、体系和准则是非常重要的。《基础会计学》或是《会计学原理》担负着向会计学习的起步者们传播会计基础理论知识的责任。而本书——《基础会计实训》，则是配套于上述两类教材，以实训演练为主，承担了帮助会计学习的起步者们将基础会计理论与实践的生产、生活紧密相结合的使命。

本书共分五个部分。第一部分明确了基础会计实训手工账务处理的内容，并对实训条件提出了要求。同时，在这一部分重点提示了电算化环境下手工账务处理在会计学习中的重要地位。电算化的记账环境中，会计分录录入后就可以直接生成报表，这对于会计学生而言，没有机会体验到较重要的登账、过账、结账和编制报表的环节，从而对于培养其账务处理的全局意识不利。

第二部分是相关的专项技术规范。针对会计书写（数字、大写金额、摘要等的书写）、会计凭证（凭证的填制、更正、审核、保管、移交）、会计账簿（账簿的设置、启用、登记、结转、对账以及日记账、明细账和总账的登记）、会计报表（会计报告的组成、编制时间、格式、编制程序、质量、装订和保管）等作出了明确的规范要求。

第三部分是单项实训。基于原始凭证、记账凭证、会计账簿、会计报表四个模块按规范的要求进行专项的单独实训讲解。

第四部分是综合演练。以一个模拟工业企业某年12月的56笔经济业务内容为例，指导学生练习从手工建账开始，到编写会计分录、手工记账、手工登账、手工结账、手工编制报表的全部过程。书中的实例全景仿真，主要的业务内容有：采购、生产、销货、日常行政管理开支、证券投资、员工工资支付、四险一金计提并划转、银票开具及背书转让、各项税费的计算申报及缴纳、在建工程用料、在建工程完工、购置固定资产和无形资产、救灾捐赠、企业增资、资产盘盈盘亏以及月末年终的各项计提和结转等。书中模拟实务所涉单据的样式按会计分录内容设置了对应的原始凭证，以一书页两张原始凭证的样式排列，方便学生将其裁剪以后作为原始凭据记账装订。同时，书中还提供了对应的记账凭证、日记账、明细账、总账账页的样式，提供了在手工结账过程中必用的“T型账户”、科目汇总表、余额平衡表、银行存款余额调节表的表页，以及整套的空白财务报表。

第五部分是附录。本书在附录中提供了模拟实务会计分录的答案、年末结账后各科目的期末余额，以及与会计账务处理相关的财会法规——会计人员的职业道德、我国相关的结算方式规章、违反会计工作规范的法律责任。

作为一本基础会计实训的教程，本书体例严谨，布局合理，单项实训、综合实训配套成体系，讲解规范，案例实景仿真，不仅对于应用型本科会计、财管专业学生的培养大有裨益；也可以作为自学基础会计的配套入门指引。第四部分的综合实训由于基本涵盖了普通中小型工业企业日常会计工作中所最常见的业务，综合练习以后对于操盘这类企业的总账是大有好处的，可以作为《基础会计实训》、《会计实验与案例分析》或《会计综合实训》的教学用书。

由于时间仓促，加之编者水平有限，书中错漏之处难免，欢迎广大读者和同仁批评指正。

编者

2016年9月

目　　录

第一章

基础会计实训概述

第一节

手工账务处理在会计学习中的重要性

在计算机技术飞速猛进的现代，为什么本科段的会计课程中依然还需要学习手工账务处理？这是很多学生都会问的问题。

相比于电算化的账套，手工式的账务处理明显有太多的缺点，如：不能自动过账、结账，业务发生量较多、业务内容较复杂的企业如果依然用手工账进行日常处理会大大地降低工作效率。这是业界的实际状况。但就我们会计专业的学生而言，在熟练掌握整个会计账务核算的实务操作之前，手工账务处理的学习是必不可少的环节，其重要性尤在熟悉电子账套或电算化软件之上。

在运用电子账套进行账务处理的背景下，账套软件已经按会计记账的原理设置好了一整套的记账、过账、结账的流程。操作者在进行日常账务处理时，仅需要初始化账套、按经济业务发生的内容编制并输入会计分录。一旦录入的会计分录借贷相等并经确认之后，电子账套将自动按预设的流程完成登记日记账、登记明细账、登记总账以及结账和形成报表等一系列的后续工作。也就是说，如果学生不学习手工账仅学习电子账套的使用的话，其将只实践了编写会计分录并录入电子账套的环节，并没有机会体验较重要的登账、过账、结账和编制报表的环节，这样形成的知识架构是偏颇的，培养出来的学生的实务动手能力就将来操盘总账而言会有一定的缺陷。

电子账套采用高科技手段快速过账使得学生没有机会体验所编写的分录中的会计科目与明细账发生额所属科目之间的勾稽关系、明细账与总账之间的对应加总关系、总账与报表之间的对应和平衡关系。而手工账务处理的实训恰恰可以帮助学生有效地掌握这几个环节上的重要知识。学生通过循序渐进地练习，最终将系统掌握建账、登账、过账、结账和编制报表的关键知识，不仅有利于学生将来毕业以后胜任初级的会计职位，还有利于学生在起步之初就养成账务处理的全局意识，为将来进阶较高级别的会计职位打下基础。

会计专业大一、大二阶段的学生，已经学过了《初级财务会计》或《基础会计原理》课程，对于日常发生的简单业务应已能编制正确的会计分录，这个时候就应该进行手工账务处理的实训练习。以一个工业企业某年12月发生的经济业务为背景，让学生在教师的指引下练习编制会计分录、建账、登账、过账、结账和编制财务报表、纳税申报和缴纳税款的全部环节，可以帮助学生在较早的阶段就熟悉未来将从事的会计工作的月结、年结流程，这对学生下面学好《中级财务会计》、《高级财务会计》、《成本会计》、《税法》、《财务报表分析》、《财务管理》、《内部控制》、《审计》等课程也是有极大的促进作用的。

第二节 基础会计实训手工账务处理的内容

一、手工账务处理的实训内容

基础会计实训手工账务处理主要由三大部分内容组成：一是手工账务处理的相关技术规范，主要由与会计书写相关的规范要求、与会计凭证相关的规范要求、与会计账簿相关的规范要求以及与会计报表相关的规范要求构成。第二大部分是单项实训，在学习了理论的规范要求之后，进行针对原始凭证、记账凭证、账簿和报表的分项训练。最后一大部分是综合实训，以某工业企业2014年12月的56笔经济业务为内容，要求学生进行月底和年底的记账、登账、结账、编制报表以及纳税申报、缴纳税款的全程演练。

二、手工账务处理的实训要求

（一）对实验室的要求

基础会计实训手工账务处理对实验室及器材有一定的要求。

实验室应提前为每一实训小组配备好实训所需的记账用材料，如空白的记账凭证、现金日记账、银行存款日记账、三栏式明细账、多栏式明细账、数量金额式收发存账、总账、科目汇总表、试算平衡表、资产负债表、利润表、所有者权益变动表、现金流量表、凭证封皮等（具体样式见第四章第五节）。如果可能，实验室还应配备好红蓝印泥、红黑二色的水笔、铅笔、直尺、裁纸刀（或剪刀）、胶水、计算器、凭证装订机（或打孔机）、装订线、日期戳、会计科目章、虚拟企业的财务专用章、现金收付讫章以及实训者的私人名章等。

（二）对学生的要求

一般建议综合实训时学生二人一组，一个记账，一个复核；经过一定量经济业务的模拟实训后，二人再进行角色交换。学生参加《基础会计实训：手工账务处理》课程的实训练习时，要求已学过《初级财务会计》或《基础会计原理》等类似课程并考试合格，对《成本会计》、《税法》二门课程所涵盖的内容也应有一定的了解。

（三）对教师的要求

厦门大学的曲晓辉教授在中国会计学会2015学术年会上发表的讲话中曾说，一定要选经验丰富的教师来教授《基础会计》；一旦《基础会计》学不好，学生下面会对整个儿的会计学习不感兴趣。此话内蕴了一位会计教育战线上的老教授数十年的教学经验。

负责基础会计实训手工账务处理的指导老师宜有一定的教学经验或是会计专业资格证书，有实际的企业账务处理经验者尤佳，之前应教授过《初级财务会计》或《基础会计原理》两轮以上，并对《成本会计》和《税法》的内容较熟悉。

第二章

基础会计实训的相关技术规范

第一节

会计书写规范

一、会计书写的基本规范

会计书写的一般要求为：正确、规范、清晰、工整。其中正确是指对经济业务发生过程中的数字和文字进行完整、准确的记载。规范是指记载各项经济业务的书写必须符合财经法规和会计制度的各项规定。清晰是指书写应字迹清楚，账目条理清楚。工整是指凭证、账簿和报表必须干净整洁，无涂改或毁损的痕迹，无错字别字。

二、数字书写的基本规范

数字的书写在手工账务处理中是最基础的环节。在会计核算工作中，对于数字的书写主要有如下要求：

1. 阿拉伯数字应当一个一个地写，不应当连笔连写。

2. 阿拉伯数字前面应当有表示币种的符号或货币名称的简写符号，如“￥”。

3. 阿拉伯数字的书写顺序是从左到右，从高位到低位依次书写。

4. 所有以元为单位的阿拉伯数字，除表示单价等情况，一律填写到角分；无角分的，角位和分位可写“00”，或者符号“—”；有角无分的，分位应当写“0”，不得用符号“—”代替。

5. 阿拉伯数字在书写时应有一定的斜度。一般可掌握在向右倾斜 60 度左右，以笔者书写方便、好看易认为宜。

6. 阿拉伯数字的书写应紧靠横格底线，其上方可留出约全格 1/4 的空间，即数码字沿底线占全格的 3/4。另外，“6”的上端可以至顶，“7”和“9”的下端可以出底。示例见图 2 - 1。

图 2-1　数字示例

7. 每个阿拉伯数字应大小一致，每一格只能写一个数字，数字之间的空隙应均匀。

三、大写金额书写的基本规范

大写金额的相应规范如下：

1. 阿拉伯数字自“0”至“9”对应的中文大写为：零、壹、贰、叁、肆、伍、陆、柒、捌、玖。另外尚需用到拾、佰、仟、万、亿等字。所有大写金额一律应用正楷清晰写就，不得用0、一、二、三、四、五、六、七、八、九、十等字代替，更不得任意自造简化汉字。

2. 大写金额数字前一般应有货币名称，货币名称与金额数字的大写之间不得留有空白。

3. 大写金额数字到元或角为止的，应在“元”或“角”字之后写“整”字或“正”字；大写金额数字到分为止的，后面不写“整”字或“正”字。

4. 阿拉伯数字中间有“0”时，汉字大写金额要写“零”字；阿拉伯数字金额中间有连续几个“0”时，大写金额中可以只写一个“零”字。

5. 大写金额写法列示如下：

人民币 108 949 元，应写成“人民币壹拾万零捌仟玖佰肆拾玖元正”。

人民币 10 008 949. 50 元，应写成“人民币壹仟万零捌仟玖佰肆拾玖元伍角正”。

人民币 86 000. 05 元，应写成“人民币捌万陆仟零伍分”。

四、摘要书写的基本规范

摘要是以浓缩的方式表达经济业务内容的重要传递工具，是会计核算和会计记录中不可缺少的媒介。

摘要的书写要字迹工整，不宜超出栏格。

摘要的内容应简明扼要，应以最精简的语言把经济业务内容的实质表述清楚、完整。摘要的概括应达到这样的效果：一个拥有基本财会知识、但是未在该企业从事过财务工作的人员，在看了摘要和记账科目之后能明白该笔经济业务内容的实质，这样的摘要就是概括成功的。

第二节

会计凭证规范

一、概述

会计凭证是用以记录经济业务的发生和完成情况、明确经济责任、作为记账依据的书面证明。

我国的《会计法》、《会计基础工作规范》等法律法规中均有细致的关于会计凭证的相关规范。会计凭证是登记账簿、进行会计监督的重要依据。会计人员必须对已取得的会计凭证进行严格的审核，只有准确无误的会计凭证才能作为登记各种账簿的凭据。

二、会计凭证的填制规范

企业的会计凭证，按其来源和用途，可分为原始凭证和记账凭证。

（一）原始凭证的填制规范

原始凭证，又称单据，是指在经济业务发生或完成时取得或填制的，用以记录或证明经济业务的发生或完成情况的原始凭据。原始凭证必须能够表明经济业务已经发生或其完成的情况，凡是不能证明经济业务发生或完成情况的各种单证，如购货申请单、购销计划等，不应作为原始凭证。

原始凭证可分为两大类：自制原始凭证和外来原始凭证。自制原始凭证主要指本单位内部经办人员在办理经济业务时自行填制的凭证，如商品、材料的验收入库单、银行转账支票的存根联等。外来原始凭证主要指发生经济业务时从外部单位取得的原始凭据，如购货时取得的对方单位的发货单、采购商品时取得的增值税专用发票、银行月末的对账单、出差乘坐的飞机票等。

根据《中华人民共和国会计法》（以下简称《会计法》）和《会计基础工作规范》的规定，填制原始凭证应符合以下要求：

1. 反映要真实。在填制原始凭证时，应使凭证上所记载内容同发生业务的实际情况保持一致，即凭证上的日期、经济业务内容和数据必须按照经济业务的实际发生或完成情况来填制，保证其真实、可靠，不得填写匡算或估计数；原始凭证是具有法律效力的证明文件，不允许在原始凭证的填制中有任何歪曲和弄虚作假行为。

2. 内容要完整。在反映经济业务的相应原始凭证上，按照凭证已有的项目或内容，逐项填列，即应该填写的项目要逐项填写，不可缺漏；年、月、日要按照填制原始凭证的实际日期填写；名称要写全，不能简化；品名或用途要填写明确；有关人员的签章必须齐全。

3. 手续要完备。经办业务的单位、经办人员要对原始凭证认真审核并签章，以对凭证的真实性、合法性负责。按规定，从外单位取得的原始凭证，必须盖有填制单位的公章；从个人取得的原始凭证，必须有填制人员的签名或者盖章。自制原始凭证必须有经办部门负责人或其指定人员的签名或者盖章。对外开出的原始凭证，必须加盖本单位的公章。该公章应是具有法律效力和规定用途、能够证明单位身份和性质的印鉴，如业务公章、财务专用章、发票专用章、收款专用章或结算专用章等。

4. 书写要清楚、规范。原始凭证上的数字和文字，字迹要清楚、整齐和规范，易于辨认。如，阿拉伯数字应当一个一个地写，不得连笔写；汉字大写数字金额如零、壹、贰、叁、肆、伍、陆、柒、捌、玖、拾、佰、仟、万、亿等，一律用正楷或者行书体书写，不得用简化字代替；所有以元为单位的阿拉伯数字，除表示单位等情况外，一律填写到角分；无角分的，角位和分位写“00”，或者符号“—”；有角无分的，分位应当写“0”，不得用符号“—”代替。

5. 填制要及时。所有经办业务的部门和人员，在每项经济业务发生或完成后，必须及时填制原始凭证，做到不拖延、不积压，按照规定的程序及时送交会计机构，以保证会计核算工作的正常进行。一般来说，填制或取得的原始凭证送交会计机构的时间最迟不应超过一个会计结算期。

6. 其他要求。

（1）凡填有大写和小写金额的原始凭证，大写与小写的金额必须相符。

（2）购买实物的原始凭证，必须有验收证明。实物购入后，要按照规定办理验收手续，以明确经济责任，保证账实相符。

（3）一式几联的原始凭证，必须注明各联的用途，并且只能以一联用作报销凭证；一式几联的发票和收据，除本身具备复写功能的外，必须用双面复写纸套写，并连续编号。作废时应加盖“作废”戳记，连同存根一起保存。

（4）发生销货退回及退还货款时，必须填制退货发票，附有退货验收证明和对方单位的收款收据，不得以退货发票代替收据。

（5）单位人员公出借款的收据，必须附在记账凭证之后。借款收据是此项借款业务的原始凭证，是办理有关会计手续、进行相应会计核算的依据。在收回借款时，应当另开收据或者退还借款收据的副本，不得退还原借款收据。因为借款和收回借款虽有联系，但又有区别，在会计上需要分别进行处理，如果将原借款收据退还借款人，就会损害会计资料的完整性，使其中一项业务的会计处理失去依据。

（二）记账凭证的填制规范

记账凭证俗称会计传票，是原始凭证与会计账簿之间传送信息的桥梁，它以复式记账的原理通过借贷分录，将经济业务在原始凭证上的体现作为记账依据传递至会计账簿中，反映了经济业务活动的会计处理并形成会计记录。

根据《会计法》和《会计基础工作规范》的规定，填制记账凭证除了应符合原始凭证的填制要求外，还应符合以下要求：

1. 记账凭证必须根据审核无误的原始凭证填制。记账凭证可以根据每一张原始凭证填制，也可以根据若干张同类原始凭证汇总编制，或者根据原始凭证汇总表填制，但不得将不同内容和类别的原始凭证汇总填制在一张记账凭证上。

2. 记账凭证应当连续编号。其目的是分清会计事项处理的先后顺序，便于记账凭证与会计账簿之间的核对，确保记账凭证的完整。记账凭证编号的方法有多种，可以按收款、付款、转账三类业务或现金收付、银行存款收付和转账三类业务分别编号，也可以按现金收入、现金支出、银行存款收入、银行存款支出和转账五类进行编号，或者将转账业务按照具体内容再分成几类编号。一笔经济业务事项需要填制两张或者两张以上记账凭证的，可以采用分数编号法编号，如 1 号会计事项分录需要填制三张记账凭证，就可以编成 1 1/3、1 2/3、1 3/3号。

3. 记账凭证后必须附有原始凭证。除结账和更正错误等外，记账凭证必须附有原始凭证并注明所附原始凭证张数。所附原始凭证张数的计算，一般以原始凭证的自然张数为准。与记账凭证中的经济业务事项记录有关的每一张证据，都应当作为原始凭证的附件。如果记账凭证中附有原始凭证汇总表，则应该把所附的原始凭证和原始凭证汇总表的张数一起计入附件的张数之内。但报销差旅费等零散票券，可以粘贴在一张纸上，作为一张原始凭证。一张原始凭证如涉及几张记账凭证的，可以将该原始凭证附在一张主要的记账凭证后面，在其他记账凭证上注明该主要记账凭证的编号或者附上该原始凭证的复印件。

4. 其他要求。

（1）记账凭证的填制日期原则上应与发生经济业务的日期一致，但由于凭证的传递需要时间，因此，有的也可以按凭证到达日期填写。如对现金收付款凭证，应以出纳人员实际收付款日期为编制日期；转账凭证应按经济业务发生或完成日期填写。

（2）记账凭证摘要的填写应简明扼要，说明清楚。填写的基本要求是：意思完备、字数简短、字迹清楚。如现金、银行存款的收付事项，应写明收、付款人和款项的内容；采购商品要写清品种名、进货来源和批次并能区分不同供货单位。

（3）会计科目必须按现行统一会计制度规定的全称填写，不得简化，不得用科目编号或外文字母代替，并根据经济业务的内容正确确定会计科目的借贷方向和金额。

（4）填制完经济业务事项后的记账凭证，如有空行，应当在金额栏目最后一笔金额数字下的空行处至合计数上的空行处划斜线注销。

三、会计凭证的更正规范

（一）原始凭证的错误更正

为了规范原始凭证的内容，明确相关人员的经济责任，防止利用原始凭证进行舞弊，《会计法》规定：

1. 原始凭证所记载的各项内容均不得涂改，随意涂改原始凭证即为无效凭证，不能作为填制记账凭证或登记会计账簿的依据。

2. 原始凭证记载的内容有错误的，应当重开或更正，此项工作必须由原始凭证出具单位负责，并在更正处加盖出具单位印章。原始凭证金额出现错误，不得更正，只能由原始凭证开出单位重开。因为如果允许随意更改原始凭证上的金额，容易产生舞弊，不利于保证原始凭证的质量。

3. 原始凭证开具单位应当依法开具准确无误的原始凭证，对填制有误的原始凭证，负有更正和重新开具的法律义务，不得拒绝。

（二）记账凭证的错误更正

1. 如果在填制记账凭证时发生错误，应当重新填制。

2. 已经登记入账的记账凭证，在当年内发现填写错误时，可以用红字填写一张与原内容相同的记账凭证，在摘要栏注明“注销某月某日某号凭证”字样，同时再用蓝字重新填制一张正确的记账凭证，注明“更正某月某日某号凭证”字样。

3. 如果会计科目没有错误，只是金额错误，也可以将正确数字与错误数字之间的差额，另编一张调整的记账凭证，调增金额用蓝字，调减金额用红字。发现以前年度记账凭证有错误的，应当用蓝字填制一张更正的记账凭证。

4. 如果仅是记账凭证金额发生错误，不得采用刮擦、挖补、涂改等方法更改金额，可采用划线更正法进行更正。具体做法是：先将错误数字全部划一条红线予以划销，注意不得只划销其中部分或个别数字；在划销数字时应保持原有的字迹可辨认，以备查考。同时将正确的数字用蓝字写在所划红线的上方，并由记账员在更正处盖章以示负责。

四、会计凭证的审核规范

（一）原始凭证的审核

对原始凭证进行审核，是确保会计资料质量的重要措施之一。《会计法》明确规定："会计机构、会计人员必须对原始凭证进行审核，并根据经过审核后的原始凭证编制记账凭证"。

1. 原始凭证审核的内容。

（1）真实性审核。审核凭证所反映的内容是否符合所发生实际经济业务的情况，数据、文字有无伪造、涂改、重复使用，各联之间数额有无不符等情况。主要包括：

①经济业务的双方当事单位和当事人必须是真实、合法的；

②经济业务发生的时间地点和填制日期必须是真实的；

③经济业务的内容和"量"必须是真实的。"量"指实物量和价值量。

（2）完整性审核。完整性审核的目的是确定原始凭证的编制是否符合要求，各个项目内容是否填写齐全，数字是否正确。要查看其凭证的各项指标是否完整，名称、商品规格、计量单位、数量、单位、大写、小写金额和填制日期的填写是否正确、清晰。

（3）合法性审核。合法性审核的内容包括：一是原始凭证生成程序的合法性，如企业或个人（具有营业执照的个体户）出具的营业凭证，如发票、运费收据、劳务费收据等，必须是经税务机关批准印制的。购买实物的原始凭证必须附有验收证明，以确认实物已经验收入库。二是审查原始凭证所反映的经济业务有无违反财经制度的规定，有无不按计划、预算办事的行为，资金使用是否符合规定，是否扩大了成本费用、开支范围，财产物资的收发、领退是否按照规定办理手续。

2. 原始凭证审核后的处理。

对原始凭证经过审核后，应根据不同的审核结果，进行不同的审核后处理。

（1）对于内容合法、合理、完整、正确的原始凭证，按规定办理会计手续，据以填制记账凭证，并将原始凭证作为附件粘于记账凭证后面，以备查核。

（2）对于内容合法、合理而记载不准确、不完整的原始凭证，按规定暂缓办理会计手续，将原始凭证退回业务经办单位或人员，责成改正凭证记录的错误。经责任单位和有关人员更正错误后，对更正后的凭证进行复审，确定无误后准予办理会计手续。

（3）对于内容完整、正确而不合法、不合理的原始凭证，按规定拒绝办理会计手续，并向单位负责人报告。对于弄虚作假、营私舞弊、欺骗上级等违法乱纪行为应依据法律规定，坚决拒绝执行，并向有关方面反映情况。

（二）记账凭证的审核

记账凭证在记账前，必须经过审核。审核的内容主要是：

1. 记账凭证是否附有原始凭证，所附原始凭证的张数、经济内容、金额、合计等是否与记账凭证一致。

2. 经济业务是否正常，应借、应贷账户的名称和金额是否正确，账户对应关系是否清晰，所用账户的名称是否符合会计制度的规定。

3. 记账凭证中有关项目是否填写齐全，有关人员是否签名或盖章。审核中如发现差错，应立即查明原因，重审或用划线更正法更正，并在更正处由更正人签章，以示负责。在审核记账凭证时，如发现错误，必须查明原因，按规定办法及时改正。只有经过审核无误的记账凭证，才能据以记账。

五、会计凭证的保管规范

1. 各单位每年编制的会计凭证，应当由会计机构按照归档要求，负责整理立卷，装订成册。

（1）记账凭证应当连同所附的原始凭证或者原始凭证汇总表，按照编号顺序，折叠整齐，按期装订成册，并加具封面，注明单位名称、年度、月份和起讫日期、凭证种类、起讫号码，由装订人在装订线封签处签名或者盖章。

（2）对于数量过多的同一种类的原始凭证，可以单独装订保管，在封面上注明记账凭证日期、编号、种类，同时在记账凭证上注明“附件另订”和原始凭证名称及编号。各种经济合同、存出保证金收据以及涉外文件等重要原始凭证，应当另编目录，单独登记保管，并在有关的记账凭证和原始凭证上相互注明日期和编号。

2. 当年形成的会计档案，在会计年度终了后，可暂由会计机构保管一年，期满之后，应当由会计机构编制移交清册，移交本单位档案机构统一保管；未设立档案机构的，应当在会计机构内部指定专人保管。出纳人员、总账会计不得兼管会计档案。移交本单位档案机构保管的会计档案，原则上应保持原卷册的封装。个别需要拆封重新整理的，档案机构应会同会计机构和经办人员共同拆封整理，经授权批准后应作好记录，以分清责任。

3. 原始凭证不得外借，其他单位如因特殊原因需使用原始凭证时，经本单位会计机构负责人、会计主管人员批准，可以复制。向外单位提供的原始凭证复制件，应当在专设的登记簿上登记，并由提供人员和收取人员共同签名或者盖章。

4. 从外单位取得的原始凭证如有遗失，应当取得原开出单位盖有公章的证明，并注明原来凭证的号码、金额和内容等，由经办单位会计机构负责人、会计主管人员和单位领导人批准后，才能代作原始凭证。如果确实无法取得证明的，如火车、轮船、飞机票等凭证，由当事人写明详细情况，由经办单位会计机构负责人、会计主管人员和单位领导人批准后，可作原始凭证。

六、会计凭证的移交规范

1. 会计凭证的移交是指从原始凭证的填制或取得时开始，经过填制、稽核、记账，直到归档保管为止的整个过程中，在本单位内部有关职能部门和人员之间的传递路线、传递时间和处理程序。

正确组织会计凭证的传递，对于提高会计核算资料的及时性、有效组织企业的经济活动、加强管理明确责任、实行有效的会计监督，均具有重要意义。

2. 会计凭证移交应考虑的问题

（1）要根据经济业务的特点、企业机构的设置和人员分工的情况以及经营管理上的需要，恰当地规定各种会计凭证的格式、份数、传递的程序。要使会计凭证的传递既能满足会计核算的要求，也能兼顾计划、统计、管理上的需要；既避免凭证上不必要的传递环节，又不影响按规定手续进行处理和审核。

（2）要根据有关部门和人员对经济业务办理必要手续（如计量、检验、审核、登记等）的需要，确定凭证在各个环节停留的时间，保证业务手续的完成。要防止不必要的耽搁，从而使会计凭证以最快速度传递，以充分发挥它及时传递经济信息的作用。

（3）应建立凭证交接的签收制度。为了确保会计凭证的安全和完整，在各个环节中都应指定专人办理交接手续，做到责任明确，手续完备、严密、简便易行。

第三节

会计账簿规范

会计账簿是指由一定格式的账页组成，以会计凭证为依据，全面、系统、连续地记录各项经济业务的簿籍和册页。企业通过将会计凭证中反映的经济内容过入相应账簿，可以全面反映会计主体在一定时期内所发生的各项资金运动，储存所需要的会计信息；通过账簿的设置和登记，可以将企业不同的信息分门别类地加以反映，提供企业一定时期内经济活动的详细情况，也可以反映企业财务及经营成果状况。另外通过会计账簿的设置，可以建立起账证、账账、账表之间的勾稽关系，可以检查、校正会计信息。

一、会计账簿的设置规范

会计核算中应用的账簿很多，不同的账簿，其形式、用途、内容和登记方法各不相同。因此，会计账簿的设置应满足以下原则：

1. 账簿的设置要能保证全面、系统地核算和监督经济活动的情况，为经营管理提供全面、系统、分类的会计核算资料。

2. 账簿的设置要在满足实际需要的前提下，考虑人力和物力的节约，力求避免重复设账。

3. 账簿的格式要按照“既能记录所发生的经济业务内容，又能提供需要的核算指标”的原则来进行设计，力求简明、适用，避免繁琐复杂。

二、会计账簿的启用规范

为了确保账簿记录的完整和合规，明确相关人员的责任，在启用账簿时，应按规定在账簿的有关位置记录相关信息。具体规则如下：

1. 对于订本式账簿，应填写已经固定在账簿的扉页或最后一页上的“账簿使用登记表”或“账簿启用表”。需要填写的内容包括启用日期、账簿页数、记账人员和会计主管人员姓名等，并加盖人名章和单位公章。记账人员或会计人员调动工作时，应注明交接日期、接办人员和监交人员的姓名，并由交接双方签名或盖章。对于事先未印制页号的账簿，应从第一页到最后一页顺序编定页数，不得跳页、缺号。在填写账户目录时，总账应按照会计科目顺序填写科目名称及启用页号。

2. 对于活页式账簿，应设置封面和封底，并在封面上填写单位名称、账簿名称和所属会计年度。在装订成册时，应撤去空白账页，填写使用页码，另加目录，标明每个账户的名称和页次，并附上填写完整的“账簿使用登记表”或“账簿启用表”。

3. 在账簿的右上角粘贴印花税票，并且划线注销；在使用缴款书交纳印花税时，应在右上角注明“印花税已缴”及缴款金额。

三、会计账簿的登记规范

为了保证账簿记录的正确性，必须根据审核无误的凭证登记。具体包括以下几个方面：

（一）填写项目齐全、内容完整的要求

登记账簿时，需将账页中的日期、凭证编号、摘要、金额等项目填写齐全，摘要简明扼要，书写规范整齐，数字清晰无误。账簿中的月、日应填写记账凭证的日期，每一笔记账凭证中的业务登记完毕，都应在记账凭证“过账”栏内划“√”，表示记账完毕，避免重记、漏记。在登记账簿时，账簿登记人员在登记账簿前，应根据岗位责任制和内控的牵制要求对审核过的记账凭证再复核一遍，如发现记账凭证有错误，可暂停登记，报告会计主管人员，由其作出修改或照登决定。在任何情况下，任何记账人员都不得自行更改记账凭证。

（二）各种账簿的登记要求

1. 现金日记账和银行存款日记账。一般由出纳员根据办理完毕的收款凭证、付款凭证，随时进行逐笔登记；如不能随时登记，也应保证每天登记一次，并每天结出余额。

2. 明细分类账。明细分类账是根据原始凭证或记账凭证直接登记的，应根据业务发生情况及时进行登记，以掌握企业财务经营动态。

3. 总分类账。总分类账由于各企业账务处理程序不同，可以根据记账凭证直接登记，也可以根据科目汇总表或其他方式登记，所以宜根据汇总记账凭证的时间按旬或月中、月末进行总分类账登记。

（三）书写的要求

为了保持账簿记录的持久性，防止涂改，记账必须使用蓝黑水笔或黑色水笔，或用钢笔书写，不得使用圆珠笔或铅笔书写，除结账、改错、冲账、登记减少数可以使用红笔登记外，其余均不得使用红色水笔进行账簿记录。在书写文字和数字时，不要写满格，一般应占格距的1/2，这样就可以在发现错误时，在该文字和数字的上面进行更正。

（四）连续登记的要求

记账时，必须按账户页次逐页逐行登记，不得跳页、隔行，如无意发生了隔行、跳页现象，应在空页、空行处用红色墨水划对角线注销，加盖“此页空白”或“此行空白”的戳记，并由记账人员签章。每一账页记录完毕结转下页时，为表现账目的连续性，应当结出本页合计数及余额，并在本页最后一行摘要栏注明“过次页”，在下页第一行摘要栏注明“承前页”，并将上页余额及发生额合计过入次页；也可以在上页最后一行不结计发生额合计及余额，而直接在次页第一行承前页写出发生额合计数及余额。

财政部《会计基础工作规范》对于“过次页”的本页合计数的结计方法做了如下具体规定：

第一，对现金、银行存款和收入、费用明细账等需要按月结计发生额账户，结计“过次页”的本页合计数应当是自本月初起至本页末止的发生额合计数。

第二，对需要结计本年累计发生额的某些明细账户，结计“过次页”的本页合计数应当是自年初起至本页末止的累计发生额。

第三，对不需按月和按年结计发生额的账户，可以只将每页末的余额结转次页。

（五）余额结计的要求

凡需要结出余额的账户，结出余额后，应在“借或贷”栏内写明“借”、“贷”表明余额方向，并在“余额”栏内写清余额金额。没有余额的账户，应当在“借或贷”栏内写“平”字，并在余额栏内“元”字的位置用“0”表示。

四、会计账簿的结转规范

结账是指在会计期末结清账簿记录，即计算本期发生额和期末余额。结账时间一般是在月末、季末和年度末，为编制会计报表做准备。结账是结算各资产、负债、所有者权益、收入和费用的发生额，并据以计算企业利润。

具体按下列程序进行：其一，结账前，必须将本期内所发生的各项经济业务全部登记入账，包括本期调整的账项也须按规定全部结转有关账簿；其二，将有关收入、费用等损益类账户余额转入“本年利润”账户，结平所有损益类账户。其三，结算出资产、负债、所有者权益账户的本期发生额和余额，并结转下期。

结账时按下列方法进行：

1. 对于需按月统计发生额的账户，在期末结账时，要在最后一笔业务记录下面的借方栏开始到余额栏为止划通栏单红线，结出本月发生额和余额，在摘要栏内盖“本月合计”戳记，在“本月合计”栏下面再划一条同样的通栏红线。

2. 对于需要结计本年累计发生额的账户每月结账时，应在“本月合计”栏下结出自年初至本月末止的累计发生额，登记在月份发生额下面，在摘要栏写明“本年累计”字样，在栏下再划一条通栏红线，12 月末的“本年累计”就是全年累计发生额，应在全年累计发生额下面划通栏双红线。

3. 对于不需按月结计发生额的账户，如应收应付、财产物资明细账，每登记一次，就要随时结出余额，每月最后一笔余额就是月末余额，月末结账时，只需在最后一笔业务记录下面自借方栏至余额栏划通栏红线即可。

4. 对于总账账户只需结出月末金额即可，但在年终结账时，为了总括反映企业财务状况和经营成果全貌，核对账目，需将所有总账账户结出全年发生额和年末余额，在摘要栏内注明“本年合计”字样，并在合计栏下划通栏红线。

5. 企业在年度终了，会计人员需要结账。凡有余额的账户，应将其余额结转下年，即将所有有期末余额的账户金额直接过入新账期初余额栏内，而不需专门编制记账凭证。

五、会计账簿的对账规范

对账指为了保证账簿记录的正确性，而进行的账项之间的核对工作。它包括账证、账账、账实核对。

1. 账证核对指账簿记录与记账凭证及相关原始凭证核对，核对内容包括记账时间、凭证字号、摘要内容、记账方向及金额。

2. 账账核对指不同账簿之间依据它们的内在关系，核对其金额是否相符。主要包括：所有总账借方发生额的合计数与贷方发生额的合计数应当一致并核对相符；有关总账账户余额与其所属明细分类账余额加总数核对相符；现金日记账和银行存款日记账的余额与其总账余额核对相符；会计部门有关财产物资明细账余额与财产物资保管、使用部门的有关明细账余额核对相符。

3. 账实核对指各项财产物资账面余额与实用数额之间的核对。主要包括：现金日记账余额与企业实际库存现金额是否一致；银行存款日记账余额与银行对账单金额是否一致；各财产物资明细账与其使用保管部门的财产、物资的实物数是否一致；有关的债权债务明细账余额是否与对方单位记录的金额一致等。

六、日记账的登记要求

在工作中，根据审核无误的会计凭证，按照规定的手续进行登记，是出纳工作的一项重要内容，也是会计核算的一项重要基础性工作。它对于执行和完成出纳任务，保证和提高出纳工作的质量，正确计算和确定货币资金收付和结存状况，及时地编制会计报表，都具有重要意义。为此，在登记日记账时，应遵循的总体要求是：内容完备，数字真实、准确，字迹工整，摘要清楚、简洁，登记及时，不漏记、重记、错记和积压账目。

具体而言，在登记日记账时，应遵循以下基本要求：

1. 必须根据审核无误的会计凭证登记。登账时，应将会计凭证的日期、种类和编号、业务的内容摘要、金额等逐项记入账内，同时要在会计凭证上注明账簿的页数，或划“√”符号，表示已经登记入账，防止漏记、重记和错记情况发生。出纳人员对认为有问题的会计凭证，应提交会计主管人员进一步审核，在审核结果未出来前，出纳人员可以拒绝入账。

2. 各种账簿都必须逐页、逐行顺序连续登记，不得隔页、跳行，若出现空行或隔页应用红线对角划掉，并由记账人员盖章。

3. 出纳人员应每天逐笔登记已发生的经济业务，且按日结出余额。在“借或贷”栏内写明“借”或“平”字。现金日记账余额每天还要与库存现金进行核对。

4. 账簿中书写的文字和数据适当留空，不要写满格。书写文字应紧靠左线，书写数据应紧靠底线，一般应占格距的3/4、登记日记账要用蓝、黑的水笔书写，红色水笔只能在结账、划线和冲账时使用。同时为了使账簿记录保持清晰，字迹必须要工整。

5. 每登记满一张账页结转下页时，需要在最后一行结出本页发生总额，然后，将总额和余额转抄下页，在本页和下页的摘要栏内分别写明“过次页”和“承前页”。在登账过程中出现的错误，采用正确的方法予以更正，不得刮、擦、挖、补。

七、明细账的登记要求

（一）明细账的定义

明细分类账简称明细账，是根据二级会计科目或明细子目开设账页、明细登记某一类经济业务的账簿，明细账可以根据企业单位经营管理的需要由企业单位自主设置。一般说来，企业单位对各种财产物资、费用成本和收入成果、债权债务等往来款项，都应在有关总账科目下设置明细账，进行明细分类核算。

明细账应根据经济业务的种类和经营管理的要求分别设置。按其外表形式，明细账采用活页式账簿和卡片式账簿；按其账页格式，明细账一般分为三栏式明细账、数量金额式明细账和多栏式明细账三种。具体样式可参见第四章第五节中所提供的账册模板。

（二）三栏式明细账的设置和登记

三栏式明细账设有“借、贷、余”三个基本栏次，但一般不设置反映对应科目的栏次。三栏式明细账适用于只需要进行金额核算，不需要进行数量核算的结算类科目的明细分类核算。例如对“应收账款”、“应收票据”、“预收账款”、“应付账款”、“预付账款”等总账科目的明细分类核算，就可采用三栏式明细账进行。

（三）数量金额式明细账的设置和登记

数量金额式明细账，一般在“收入、发出、结存”栏目下还分别设有“数量、单价、金额”等专栏，用来登记财产物资的收入、发出和结存的数量和金额。数量金额式明细账适用于既要进行金额核算，又要进行数量核算的各种财产物资类科目的明细分类核算。例如对“原材料”、“产成品”、“固定资产”等总账科目的明细分类核算，可采用数量金额式明细账。

（四）多栏式明细账的设置和登记

该种分类账的明细项目设置若干专栏，以便归类、集中登记这些明细科目或明细项目全部金额的账簿。多栏式明细账适用于那些要求对金额进行分析的有关费用成本、收入成果类科目的明细分类核算，例如对“主营业务收入”、“管理费用”、“销售费用”、“生产成本”等总账科目的明细核算，可采用多栏式。

八、总账的登记要求

（一）总账的定义

总分类账简称总账，是指以总分类账户为主要分类基础，用来登记和提供全部会计信息的账簿。总账中的账页是按一级科目开设的账户，可以全面、系统、综合地反映企业所有的经济情况和财务收支情况，是编制会计报表的重要基础。一般而言，总账最常见的格式为三栏式，设置借方、贷方和余额三个基本金额栏目。

（二）总账的登记要求

1. 启用时的要求

启用新账时应将上一年度的期初余额转记到新账的第一页第一行，并在摘要栏内注明“期初余额”。

2. 使用工具的要求

记账时必须使用蓝、黑色的水笔或钢笔书写；红色水笔只有在结账、改错、划线、冲销时使用；严禁使用圆珠笔和铅笔登记账簿。

3. 书写规范的要求

登记总分类账时，书写的文字及数字必须规整，书写数字时，数字一般只占到格高的三分之一至二分之一，以方便必要时更正。

4. 登记账簿时的要求

账页使用中不许跳行、跳页，如出现空行或空页应划对角线予以注销，并加盖“作废”戳记。一般情况下账页的第一行和最后一行一般不记录正式的经济业务内容，只记录“承前页”和“转次页”；不得随意撕毁或添加账页。

5. 结账时的填制要求

对已登记完整的业务，应在会计记账凭证划“√”表示过账；总账账簿上所有的内容必须填制完整。

第四节 会计报表规范

会计报表是企业财务报告的主要部分，是企业向外传递会计信息的主要手段。会计报表是根据日常会计核算资料定期编制的，综合反映企业某一特定日期财务状况和某一会计期间经营成果、现金流量的总结性书面文件。它是企业财务报告的主要部分，也是企业向外传递会计信息的主要手段。

一、企业财务会计报告的组成

企业的财务会计报告由会计报表、会计报表附注和财务情况说明书组成。

会计报表是财务会计报告的主要组成部分，主要包括资产资产负债表、利润表、现金流量表和所有者权益变动表。

会计报表附注是对会计报表的补充说明，至少应当包括如下内容：（1）不符合会计核算基本前提的说明；（2）重要会计政策和会计估计的说明；（3）重要会计政策和会计估计变更的说明；（4）或有事项和资产负债表日后事项的说明；（5）关联方关系及其交易的披露；（6）重要资产转让及出售的说明；（7）企业合并、分立的说明；（8）会计报表中重要项目的明细资料；（9）有助于理解和分析会计报表需要说明的其他事项。

二、企业财务会计报告编制的时间要求

月度中期财务会计报告应当于月度终了后 6 日内（节假日顺延，下同）对外提供；季度中期财务会计报告应当于季度终了后 15 日内对外提供；半年度中期财务会计报告应当于

年度中期结束后60日内（相当于两个连续的月份）对外提供；年度财务会计报告应当于年度终了后4个月内对外提供。

财务报告按会计报表编制时间的不同，可以分为月报、季报、半年报和年报。其中，月报要求简明扼要、及时反映；年报要求揭示完整、反映全面；季报和半年报在披露会计信息的详细程度方面，则介于二者之间。半年报、季报和月度财务会计报告统称为中期财务会计报告。季度和月度财务会计报告仅指会计报表，但国家另有要求的，则应按国家要求增加相关资料。

三、财务会计报告的编制程序

手工财务会计报告的编制程序一般是这样的：

1. 确认当月所有会计分录的入账科目是登记正确的，借贷发生额是相等的；

2. 在本月所有发生的凭证都准确登记明细账后，加总出本月各明细科目的借方发生额和贷方发生额；

3. 将各明细科目本月的借、贷方发生额分别登入各自的“丁字型账户”；

4. 将“丁字型账户”中各明细科目加总的借贷方发生额过入“科目汇总表”，确认“科目汇总表”上所有的借方发生额加总数等于所有的贷方发生额加总数；

5. 将“科目汇总表”上形成的总账科目借、贷方发生额加总数过入“总账”；

6. 结出总账科目的期末余额；

7. 将“总账”各科目的期末余额过入“余额平衡表”，并确认试算平衡；

8. 试算平衡以后，将总账各科目的发生额情况和期末余额情况按科目对应，分别过入“资产负债表”和“利润表”，并确认资产 = 负债 + 所有者权益，形成资产负债表；

9. 按收付实现制原则编制“现金流量表”；

10. 根据本会计期间内的实际情况编制“所有者权益变动表”。

四、财务会计报告编制的质量要求

为了充分发挥财务报表在经营管理中的重要作用，必须保证财务报表的质量。在编制财务报表时，应做到以下四点。

（一）数字真实

企业应当根据真实、正确、完整的会计资料，按照国家统一的会计制度规定编制财务报表，以保证财务报表的真实性。不能用估计数代替实际数，更不能弄虚作假，篡改数字，隐瞒谎报。

账簿记录是编制财务报表的主要依据，在编制财务报表时，必须做到以下三点：

1. 按期结账。在结账之前，所有已经发生的收入、支出、债权、债务，应该摊销或预提的费用以及其他已经完成的经营活动和财务收支事项，都应全部登记入账。

2. 认真对账和进行财产清查。对于各种账簿记录，在编表之前，必须认真地审查和核对，对有关财产物资进行盘点和清查，对应收、应付款项和银行存（借）款进行查询核对，以达到账证相符、账账相符、账实相符。在清查中应对会计报表中各项会计要素进行合理的确认和计量，不得随意更改。

3. 在结账、对账和财产清查的基础上，通过编制总分类账户本期发生额试算平衡表以验算账目有无错漏，为正确编制会计报表提供可靠的数据。在编报以后，还必须认真复核，做到账表相符，报表与报表之间有关数字衔接一致。

（二）内容完整

每个单位都必须按照国家统一规定的报表种类、格式和内容编制财务报表，以保证其完整性。对不同的会计期间（月、季、半年、年）应当编报的各种财务报表，必须编报齐全；应当填列的报表指标，无论是表内项目，还是补充资料，必须全部填列；应汇总编制的所属各单位的会计报表，必须全部汇总，不得漏编、漏报。

（三）说明清楚

财务报表中需要加以说明的项目，在财务报表附注中用简要的文字和数字加以说明，对财务报表中主要指标的构成、计算方法和本报告期发生的特殊情况，如经营范围变化、经营结构变更以及本报告期经济效益影响较大的各种因素都必须加以说明。

（四）报送及时

财务报表必须遵照国家或上级主管部门规定的期限和程序，及时编制，及时报送，以保证报表的及时性。要保证财务报表编报及时，必须加强日常的核算工作，认真做好记账、算账、对账和财产清查，调整账面工作；同时加强会计人员的配合协作。但不能为赶编财务报表而提前结账，更不应为了提前报送而影响报表质量。

此外，财务报表应当由单位负责人和主管会计工作的负责人、会计机构负责人签名并盖章，设置总会计师的单位还须由总会计师签名并盖章。单位负责人是本单位会计行为的第一责任人，对本单位财务报表的真实性、合法性负责；有关会计负责人员也应承担相应的责任。

五、会计报表的装订、保管要求

（一）会计报表的装订要求

1. 依次排序、加具封面，装订成册，加盖公章

在会计报表编好之后，要依次编定页数，加具封面，装订成册，加盖公章。封面应注明：单位名称、地址、主管部门、开业年份、报表所属年度和月份、送出日期等。

2. 复核、签名、加盖人名章

报送的会计报表在报送之前，先由本单位会计机构的负责人（或会计主管人员）和单位负责人进行认真复核，并签名盖章。

（二）会计报表等会计资料的保管要求（见表2－1，表2－2）

表2－1　企业和其他组织会计档案保管期限表

序号	档案名称	保管期限	备注
一	会计凭证		
1	原始凭证	30年	
2	记账凭证	30年	
二	会计账簿		
3	总账	30年	
4	明细账	30年	
5	日记账	30年	
6	固定资产卡片		固定资产报废清理后保管5年
7	其他辅助性账簿	30年	
三	财务会计报告		
8	月度、季度、半年度财务会计报告	10年	
9	年度财务会计报告	永久	
四	其他会计资料		
10	银行存款余额调节表	10年	
11	银行对账单	10年	
12	纳税申报表	10年	
13	会计档案移交清册	30年	
14	会计档案保管清册	永久	
15	会计档案销毁清册	永久	
16	会计档案鉴定意见书	永久	

表2－2　财政总预算、行政单位、事业单位和税收会计档案保管期限表

序号	档案名称	保管期限			备注
		财政总预算	行政单位事业单位	税收会计	
一	会计凭证				
1	国家金库编送的各种报表及缴库退库凭证	10年		10年	
2	各收入机关编送的报表	10年			
3	行政单位和事业单位的各种会计凭证		30年		包括：原始凭证、记账凭证和传票汇总表
4	财政总预算拨款凭证和其他会计凭证	30年			包括：拨款凭证和其他会计凭证
二	会计账簿				
5	日记账		30年	30年	
6	总账	30年	30年	30年	

续表

序号	档案名称	保管期限			备注
		财政总预算	行政单位事业单位	税收会计	
7	税收日记账（总账）			30年	
8	明细分类、分户账或登记簿	30年	30年	30年	
9	行政单位和事业单位固定资产卡片				固定资产报废清理后保管5年
三	财务会计报告				
10	政府综合财务报告	永久			下级财政、本级部门和单位报送的保管2年
11	部门财务报告		永久		所属单位报送的保管2年
12	财政总决算	永久			下级财政、本级部门和单位报送的保管2年
13	部门决算		永久		所属单位报送的保管2年
14	税收年报（决算）			永久	
15	国家金库年报（决算）	10年			
16	基本建设拨、贷款年报（决算）	10年			
17	行政单位和事业单位会计月、季度报表		10年		所属单位报送的保管2年
18	税收会计报表			10年	所属税务机关报送的保管2年
四	其他会计资料				
19	银行存款余额调节表	10年	10年		
20	银行对账单	10年	10年	10年	
21	会计档案移交清册	30年	30年	30年	
22	会计档案保管清册	永久	永久	永久	
23	会计档案销毁清册	永久	永久	永久	
24	会计档案鉴定意见书	永久	永久	永久	

注：税务机关的税务经费会计档案保管期限，按行政单位会计档案保管期限规定办理。

第三章

单项实训

第一节

原始凭证业务实训

一、原始凭证的填制

（一）原始凭证的要素

会计实务中，由于各种经济业务的内容和经济管理的要求不同，原始凭证的名称、格式和内容多种多样。但是，原始凭证作为经济业务已经发生或已经完成的原始证据，必须反映经济业务发生或完成的情况，并明确有关经济人的责任，所以各种原始凭证都必须具备一些基本内容，具有一些基本要素，这些基本要素主要包括以下几个方面：

1. 凭证的名称，即原始凭证所记录业务内容的种类，反映原始凭证的用途，如“发票”、“入库单”等。

2. 填制凭证的日期。如果在业务发生或完成时，因各种原因未能及时填制原始凭证的，应以实际填制日期为准；销售产品时未能及时开出发票的，补开发票的日期应为实际填制时的日期。

3. 填制凭证的单位或填制人的姓名。

4. 经办人员的签名和盖章。经办人员签名盖章是为了通过该项内容明确经济责任。

5. 接受凭证单位的名称。将接受凭证单位与填制凭证的单位或填制人相联系，以表明经济业务的来龙去脉。

6. 经济业务的内容。经济业务的内容主要是表明经济业务的项目、名称及有关的附注说明。

7. 数量、单价和金额。主要表明经济业务的计量。这是原始凭证的核心。

（二）原始凭证填制的基本要求

原始凭证是具有法律效力的证明文件，是进行会计核算的重要依据。为了保证原始凭证能够正确、及时、清晰地反映交易或事项的真实情况，填制原始凭证必须符合下列基本要求：

1. 记录真实。经济业务的内容、数字等必须真实可靠、符合实际情况。

2. 内容完整。填列的项目必须逐项填列齐全，不得遗漏和省略。

3. 手续完备。

（1）单位自制的原始凭证必须有经办单位的领导人或指定人员的签名盖章；

（2）对外开出的原始凭证必须加盖本单位的公章；

（3）从外部取得的原始凭证，必须盖有填制单位的公章；

（4）从个人取得的原始凭证，必须有填制人员的签名或盖章。

4. 书写清楚、规范。

文字字迹清楚、不得使用未经国务院公布的简化汉字。

数字和货币符号的书写要符合下列要求：

（1）阿拉伯数字应当一个一个地写，不得写连笔字。特别在要连着写几个“0”时，也一定要单个地写，不能将几个“0”连在一起一笔写完。

（2）阿拉伯金额数字前面应当书写货币币种符号或者货币名称简写，如人民币符号为“￥”，币种符号与阿拉伯金额数字之间不得留有空白。

凡阿拉伯金额数字前写有货币币种符号的，数字后面不再写货币单位。

所有以元为单位的阿拉伯数字，除表示单价等情况外，一律填写到角、分；无角、分的，角位和分位可写“00”或者符号“——”；有角无分的，分位应当写“0”，不得用符号“—”代替。

（3）汉字大写数字金额如零、壹、贰、叁、肆、伍、陆、柒、捌、玖、拾、佰、仟、万、亿等，应一律用正楷或行书体书写，不得用0、一、二、三、四、五、六、七、八、九、十等字代替。不得任意自造简化字。

大写金额前未印有“人民币”字样的，应加写“人民币”三个字，“人民币”字样和大写金额之间不得留有空白。

大写金额数字到元或为角止的，之后应当写“整”字或者“正”字。大写金额数字有分的，分字后面不写“整”字或者“正”字。

（4）凡填有大写和小写金额的原始凭证，大写与小写的金额必须相符。

5. 编号连续。一式几联的原始凭证，必须注明各联的用途，并且只能以一联用作报销凭证，作废时应加盖“作废”戳记，连同存根一起保存。

6. 不得涂改、刮擦和挖补。原始凭证如有错误，应当由出具单位重开或更正，更正处应当加盖出具单位印章。原始凭证金额有错误的，应当由出具单位重开，不得在原始凭证上更正。

7. 填制及时。及时填写、及时送交会计机构、及时审核。

（三）收据的填制

收据主要指财政部门印制的盖有财政票据监制章的收付款凭证，一般用于行政事业性收入，即非应税业务；此外也指企业单位直接自文具用品商店买来的制式收据（通常称之为“三联单”）。一般不能开具发票的场合，可以使用收据。它是重要的原始凭证，也是一种收付款凭证。

收据要由出纳人员统一填写，相关业务人员签字确认，应按编号顺序使用。收据的基本联次为一式三联，第一联为存根联，第二联为收据（报销联），第三联为记账联。填写要规范，字迹要清晰。全部联次用双面复写纸一次性套写完成，并加盖单位财务专用章和收款人名章。

1. 收据应填写的内容。

（1）收据的日期；

（2）交款人名称；

（3）收受款项的事由；

（4）收受款项的大写和小写金额。

2. 收据应加盖的印章。

（1）开具收据单位的财务专用章；

（2）经办人签名或加盖经办人名章。

收据记账联如图 3－1 所示。

收　款　收　据　　　　**NO. 0312056**

年　月　日

今收到 ______________________	第三联：记账
人民币 ______________________	
系　付 ______________________	

单位盖章：　　　　会计：　　　　出纳：　　　　经手人：

图 3－1　收据记账联

收据开具完毕，应当进行复核与检查，以防差错。将收据的第一联“存根联”保留在收据本上，以备查询；撕下收据的第二联“收据联”交付交款单位或个人收执；撕下收据的第三联“记账联”留作编制记账凭证的依据。

（四）进账单的填制

当企业因向开户银行送交支票、银行本票、银行汇票、到期的商业汇票等凭据办理银行存款收入业务时，应当填写进账单。进账单由在银行开立存款账户的单位的财会人员负责填写，进账单的基本联次为三联，其用途分别是，第一联为送票回执联，第二联为银行记账凭证联，第三联为回单或收账通知联。全部联次用双面复写纸一次性套写完成。

进账单应填写以下内容：

1. 出票人的全称、账号和开户行；

2. 收款人的全称、账号和开户行；

3. 进账的大小写金额；

4. 进账的事由；

5. 填制进账单的日期。

银行受理后退回以作进账单位记账凭证的进账单的回单如图 3－2 所示。

中国工商银行进账单（回单或收账通知）

进账日期： 年 月 日 第 号

<table>
<tr><td rowspan="3">收款人</td><td>全　称</td><td colspan="3"></td><td rowspan="3">付款人</td><td>全　称</td><td colspan="10"></td></tr>
<tr><td>账　号</td><td colspan="3"></td><td>账　号</td><td colspan="10"></td></tr>
<tr><td>开户银行</td><td colspan="3"></td><td>开户银行</td><td colspan="10"></td></tr>
<tr><td colspan="7" rowspan="2">人民币（大写）：</td><td>千</td><td>百</td><td>十</td><td>万</td><td>千</td><td>百</td><td>十</td><td>元</td><td>角</td><td>分</td></tr>
<tr><td></td><td></td><td></td><td></td><td></td><td></td><td></td><td></td><td></td><td></td></tr>
<tr><td colspan="2">票据种类</td><td colspan="3"></td><td colspan="12" rowspan="3">收款人开户银行盖章</td></tr>
<tr><td colspan="2">票据张数</td><td colspan="3"></td></tr>
<tr><td colspan="5">主管　会计　复核　记账</td></tr>
</table>

此联是收款人开户行交给收款人的回单或收账通知

图 3－2　进账单回单

进账单填制完毕后，应当对进账单及其相关票据进行复核与检查，以防差错，然后将审核无误的进账单和相关票据提交开户银行办理进账。

（五）现金支票的填制

各单位使用现金支票时，必须按《现金管理暂行条例》中的现金使用范围及有关要求办理。

1. 支票应填写的内容。

（1）收款人名称；

（2）确定的金额；

（3）出票日期：一般书写的数字 0123456789 为“零壹贰叁肆伍陆柒捌玖”。

例如：2006 年 8 月 20 日可以书写为“贰零零陆年捌月零贰拾日”。

遇到 10、20、30 的数字大写时前边要加零，一般在月份 3～9 的填写前面可以不用加零等等；

（4）开户银行名称；

（5）用途；

（6）出票人盖章；

（7）签发人账号。

2. 支票应加盖的印章。

（1）出票人预留在银行的单位印鉴；

（2）出票人预留在银行的个人名章。

现金支票如图 3－3 所示。

中国工商银行 现金支票存根 IV V287390 科　　目： 对方科目： 出票日期　年　月　日 收款人： 金　额： 用　途： 单位主管　　会计	中国工商银行现金支票　IV　V287390 出票日期（大写）　年　月　日　付款行名称： 收款人：　出票人账号： 本支票付款期限十天 人民币（大写）　千 百 十 万 千 百 十 元 角 分 用途________　科目（借） 上列款项请从　对方科目（贷） 我账户支付　转账日期　年　月　日 出票人签章　复核　记账

图 3－3　现金支票

3. 签发现金支票应注意的事项

（1）签发现金支票必须写明收款单位名称或收款人姓名，并只准收款方或签发单位持票向银行提取现金或办理转账结算，不得将现金支票流通。

（2）签发现金支票首先必须查验银行存款是否有足够的余额，签发的支票金额必须在银行存款账户余额以内，不准超出银行存款账户余额签发空头支票。对签发空头支票或印章与预留印鉴不符的支票，银行除退票外并按票面金额处以 5% 但不低于 1 000 元的罚款。持票人有权要求出票人赔偿支票金额 2% 的赔偿金。对屡次签发的，银行可根据情节给予警告、通报批评，直至停止其向收款人签发支票。

（3）签发现金支票不得低于银行规定的金额起点，起点以下的用库存现金支付。支票金额开具起点为 100 元，但结清账户时，可不受起点限制。

（4）要严格执行支票有效期限的规定。支票的付款有效期限为 10 天。有效期限从签发支票的次日算起，到期日如遇节假日顺延。过期支票作废，银行不予受理。签发支票必须填写当日日期，不得签发远期现金支票。

（5）支票的持票人应当自出票日起 10 日内提示付款，异地使用的支票，其提示付款的期限由中国人民银行另行规定。超过提示付款期限的，付款人可以不予付款。

（6）签发支票应使用墨汁或碳素墨水填写，未按规定填写，被涂改冒领的，由签发人负责。支票大小写金额和收款人不得更改。其他内容如有更改，必须由签发人加盖预留银行印鉴之一以作证明。

（7）现金支票的用途有一定限制，一般填写“备用金”、“差旅费”、“工资”、“劳务费”等。

（六）现金缴款单的填制

现金缴款单是单位去银行存现金时，由企业的财会人员负责填写的凭证，一般第一联银行加盖现金收讫章或业务清讫章后退给单位作为回单，第二联是银行的记账凭证。现金缴款单适用于企业客户，具有法律效力。

现金缴款单应填写以下内容：

（1）现金缴款单的日期；

（2）缴款的大小写金额；

（3）存款人的全称、开户银行、账号和款项来源。

现金缴款单填制完毕后，应当对现金缴款单及相关票据进行复核与检查，以防差错，然后将审核无误的现金缴款单和相关票据提交开户银行办理进账。

（七）转账支票的填制

转账支票是出票人签发的，委托办理支票存款业务的银行在见票时无条件支付确定的金额给收款人或持票人的票据。在银行开立存款账户的单位和个人客户，用于同城交易的各种款项，均可签发转账支票，以委托开户银行办理付款手续。转账支票只能用于转账。

转账支票应填写以下内容：

1. 出票日期（大写）。

2. 收款人。

转账支票收款人应填写为对方单位名称。转账支票背面本单位不盖章。收款单位取得转账支票后，在支票背面被背书栏内加盖收款单位财务专用章和法人章，填写好银行进账单后连同该支票交给收款单位的开户银行委托银行收款。

3. 付款行名称、出票人账号：即为本单位开户银行名称及银行账号。

4. 人民币金额。

5. 转账支票的用途没有具体规定，可填写如“货款”、“代理费”等。

6. 盖章。

支票正面盖财务专用章和法人章，缺一不可，印泥为红色，印章必须清晰，印章模糊的只能将本张支票作废，换一张重新填写重新盖章。

转账支票如图 3－4 所示。

中国工商银行 转账支票存根 IV V286641	中国工商银行转账支票　IV　V286641
科　目： 对方科目： 出票日期　年　月　日	出票日期（大写）　年　月　日　　付款行名称： 收款人：　　出票人账号：
收款人： 金　额： 用　途：	本支票付款期限十天 人民币（大写）　千 百 十 万 千 百 十 元 角 分 用途________　　科目（借）________ 上列款项请从　　对方科目（贷）________ 我账户支付　　转账日期　年　月　日 出票人签章　　复核　　记账
单位主管　　会计	

图 3－4　转账支票

（八）普通发票的填制

发票是指单位在购销商品、提供或者接受服务以及从事其他经营活动中，开具、收取的收付款凭证。

普通发票主要由小规模纳税人使用，由企业的出纳人员负责填写，增值税一般纳税人在不能开具专用发票的情况下也可开具使用。普通发票共三联，第一联为存根联，由开票方留存备查用；第二联为发票联，由收执方作为记账的原始凭证；第三联为记账联，由开票方作为记账的原始凭证。

普通发票应填写以下内容：

1. 客户名称；
2. 开票人；
3. 商品名称或经营项目；
4. 开票日期；
5. 计量单位、数量、单价；
6. 大小写金额；
7. 加盖的印章；
8. 开具发票单位的财务专用章（或发票专用章）；
9. 经办人签名或加盖经办人名章。

普通发票如图 3－5 所示。

安徽省增值税普通发票　　**No. 02123224**

发票联

3400111140　　开票日期：2010 年 3 月 12 日

校验码 58743395715468752215

购货单位		密码区	
	名　　称：安徽天建路桥工程有限公司 纳税人识别号： 地 址 、电 话： 开户行及账号：宿州市环宇银河绿苑小区 27 号楼 0304 室		

货物或应税劳务名称	规格型号	单位	数量	单价	金额	税率	税额
压力试验机	YES300A	台	1		20 750	17%	4 250
合　　计							
价税合计（大写）					（小写）		

销货单位		备注	
	名　　称：宿州同创工程机械销售有限公司 纳税人识别号：342201684976257 地 址 、电 话：宿州市北关收费站南 100 米路西 0557－3621099 开户行及账号：工行皖北矿区支行 1312047709024921051		

第三联：发票联　购货方记账凭证

收款人：　　复核：　　开票人：李卫青　　销货单位：（章）

图 3－5　普通发票

发票填制完毕，应当进行复核与检查，以防差错。然后将发票的存根联保留在发票本上，以备查询。撕下发票第二联交购货单位或个人收执，撕下发票的第三联记账联留作编制记账凭证的证据。

（九）增值税专用发票的填制

增值税专用发票是只限于增值税一般纳税人领购使用的，既作为纳税人反映经济活动中的重要会计凭证，又是兼记销货方纳税义务和购货方进项税额的合法证明，是增值税计算和管理中重要的专用发票。

增值税专用发票与普通发票不同，不仅具有商事凭证的作用，由于实行凭发票注明税款扣税，购货方要向销货方支付增值税，它具有完税凭证的作用。更重要的是，增值税专用发票将一个产品的最初生产到最终的消费之间各环节联系起来，保持了税款征收链的完整。

增值税专用发票应填写以下内容：

1. 开票日期；

2. 购货单位有关信息：

（1）名称：填写购货单位名称的全称，不能简写；

（2）纳税人识别号：填写购货单位税务登记证号；

（3）地址电话：填写购货单位的详细地址和电话号码；

（4）开户行及账号：填写购货单位的开户银行名称及账号；

注意：上述购货单位信息要与其在税务机关登记信息一致。开票前应确认相关信息是否有变化。

3. 主要经济业务事项栏次

（1）货物或应税劳务名称：填写销售货物，提供劳务或应税服务的具体名称，如品种较多，可填写“（详见销货请单）”。

（2）规格型号：具体销售货物是什么规格型号，填在此栏。

（3）单位：填写销售货物，提供劳务或应税服务的具体计量单位，如：个，件，吨，千克，批等。

（4）数量：填写销售货物，提供劳务或应税服务的具体数量。

（5）单价：本栏为货物或劳务的不含税单价。实际填开时有两种方式：

①计算出不含税单价填入；

②选择录入含税单价模式，税控系统会自动换算成不含税单价。

（6）金额：本栏为不含税销售额，不需填写，等于数量与不含税单价的乘积。

（7）税率：为销售货物，提供劳务或应税服务的适用税率，在防伪税控开票系统里可以设置好，开具发票时直接选择。

（8）税额：本栏为销项税额，不需填写，填写好前项数据后系统自动计算。

注意：金额和税额相加等于要开具发票的含税金额，由于录入的不含税单价的小数点四舍五入，可能会产生尾差，建议选择含税单价录入方式，让系统自己换算。

（9）合计：指各行不同的货物，劳务或应税服务的金额和税额的合计数，是小写金额，不需填写，系统自动计算。（注意：企业开具发票有最高限额，单张发票不含税销售额的合计数不能超过其限额。发票限额于申请发票时由税务局审批，如限额为 10 000 元，开具的不含税销售额最高可填开到 9 999. 99 元）

（10）价税合计：指金额和税额的合计数，不需填写，由系统自动计算。请与要开具的金额仔细核对。

4. 销货单位有关信息：

无需填写，在购买防伪税控开票系统时已经有相关信息，和企业在税务机关提交的信息一致的，如有变更，需及时到主管税务机关备案。

5. 备注：填写补充说明的信息。如合同号，出售软件名称等相关信息。

6. 收款人，复核及开票人：在系统中选择相应的人员，如系统里之前无该人员记录，请在税控系统中增加。

7. 销货单位（章）：要按照专用发票使用规定，加盖销货单位发票专用章，章印需加盖在"销货单位（章）"处。

注意：防伪税控开票系统里显示的发票号码要与纸质版专用发票一致，才有效。核对信息无误后，才可以打印发票。

增值税专用发票记账联如图 3－6 所示。

3400034160　　**安徽省增值税专用发票**　　**No. 0004621**

此联不作报销、扣税凭证使用　　开票日期：　年　月　日

购货单位	名　称： 纳税人识别号： 地　址： 电　话： 开户行及账号：				密码区	略	
货物或应税劳务名称	规格型号	单位	数量	单价	金额	税率	税额
合　计							
价税合计（大写）					（小写）		
销货单位	名　称： 纳税人识别号： 地　址： 电　话： 开户行及账号：				备注		

第四联：记账联　购货方记账凭证

收款人：　　复核：　　开票人：　　销货单位：（章）

图 3－6　增值税专用发票

二、原始凭证的审核

原始凭证审核的内容主要包括以下几方面：

1. 真实性审核

真实性审核。审核原始凭证，首先是审核其真实性，看它是否真实。如果不是真实的，就谈不上合法性、合理性和完整性审核了。所谓真实，就是说原始凭证上反映的应当是经济业务的本来面目，不得掩盖、歪曲和颠倒真实情况。

（1）经济业务双方当事单位和当事人必须是真实的。开出原始凭证的单位、接受原始凭证的单位、填制原始凭证的责任人、取得原始凭证的责任人都要据实填写，不得冒他人、他单位之名，也不得填写假名。

（2）经济业务发生的时间、地点、填制凭证的日期必须是真实的。不得把经济业务发生的真实时间改变为以前或以后的时间；不得把在甲地发生的经济业务改变成在乙地发生，也不得把填制原始凭证的真实日期改变为以前或以后的日期。

（3）经济业务的内容必须是真实的。是购货业务，必须标明货物的名称、规格、型号等；是住宿业务，就要标明住宿的日期；是乘坐交通工具业务，就得标明交通工具种类和起止地点；是就餐业务，必须标明就餐，不得把购物写成就餐，把就餐写成住宿；是劳动报酬支付，就应该附有考勤记录和工资标准等。

（4）经济业务的"量"必须是真实的。购买货物业务，要标明货物的重量、长度、体积、数量；其他经济业务也要标明计价所使用的量。最后，也是最关键的一点，就是单价、金额必须是真实的。不得在原始凭证填写时抬高或压低单价，多开或少开金额。

2. 合法性审核

合法性审核是审核原始凭证所记载的经济业务是否符合有关财经纪律、法规、制度等的规定，有无违法乱纪行为，若有，应予揭露和制止，根据《会计法》的规定，对不真实、不合法的原始凭证，有权不予接受，并向单位负责人报告。

3. 合理性审核

合理性审核，审核经济业务的发生是否符合本单位事先制定的计划、预算等的要求，有无不讲经济效益、脱离目标的现象，是否符合费用开支标准，有无铺张浪费的行为。

4. 完整性审核

完整性审核是指审核原始凭证是否将有关内容填写齐全，各项目是否按要求填写。对原始凭证完整性的审核，首先要审核原始凭证的各构成要素是否齐全。其次，审核各要素内容填制得是否正确、完整、清晰，特别是对凭证中所记录的数量、金额的正确性要进行认真审核，检查金额计算有无差错，大小写金额是否一致等。最后，审核各经办单位和人员签章是否齐全。根据《会计法》规定，对记载不准确、不完整的原始凭证予以退回，并要求按照国家统一的会计制度的规定更正、补充。

三、原始凭证常见错误的更正

《中华人民共和国会计法》、《会计基础工作规范》对原始凭证错误的更正作出了具体规定，其内容包括：

1. 原始凭证所记载的各项内容均不得涂改。

2. 原始凭证记载的内容有错误的，应当由开具单位重开或更正，更正工作须由原始凭证出具单位进行，并在更正处加盖出具单位印章。

3. 原始凭证金额出现错误的不得更正，只能由原始凭证开具单位重新开具。

4. 原始凭证开具单位应当依法开具准确无误的原始凭证，对于填制有误的原始凭证，负有更正和重新开具的法律义务，不得拒绝。

需要强调的是：

1. 对于文字发生错误的原始凭证，应退回原开出单位重开，或在错误处进行更正，并在更正处加盖更正单位公章及相关人员名章。

2. 对于数字发生错误的原始凭证，必须退回原开出单位重开，不可在原错误处更正。

第二节 记账凭证业务实训

一、记账凭证的填制

记账凭证是会计人员根据审核无误的原始凭证按照经济业务的内容加以归类，并据以确定会计分录后所填制的会计凭证，它是登记会计账簿的直接依据。在实际工作中，为了便于登记账簿，需要将来自不同的单位、种类繁多、数量庞大、格式大小不一的原始凭证加以归类、整理，填制具有统一格式的记账凭证，确定会计分录并将相关的原始凭证附在记账凭证后面。

（一）记账凭证的种类

1. 按其反映的经济业务的内容，记账凭证分为收款凭证、付款凭证、转账凭证和通用记账凭证四种。

（1）收款凭证。收款凭证是指用于记录现金和银行存款收款业务的会计凭证，它是出纳人员根据库存现金收入业务和银行存款收入业务的原始凭证编制的专用凭证，据以作为登记现金和银行存款等有关账户的依据，分为现金收款凭证和银行存款收款凭证两种。

收款凭证如图 3－7 所示。

收 款 凭 证

借方科目__________ 年 月 日 字第 号

摘 要	贷方总账科目	明细科目	借或贷	金 额									
				千	百	十	万	千	百	十	元	角	分
合 计													

附单据 张

财务主管 记账 出纳 审核 制单

图 3－7 收款凭证

（2）付款凭证。付款凭证是指用于记录现金和银行存款付款业务的会计凭证。它是出纳人员根据库存现金和银行存款付出业务的原始凭证编制的专用凭证，作为登记现金和银行存款等有关账户的依据，分为现金付款凭证和银行存款付款凭证两种。

付款凭证如图 3 – 8 所示。

付 款 凭 证

贷方科目＿＿＿＿＿＿　　　　年　　月　　日　　　　字第　　号

摘　要	借方总账科目	明细科目	借或贷	金　额									
				千	百	十	万	千	百	十	元	角	分
合　计													

附单据　　张

财务主管　　记账　　出纳　　审核　　制单

图 3 – 8　付款凭证

（3）转账凭证。转账凭证是用于记录不涉及现金和银行存款业务的会计凭证，它是会计人员根据有关转账业务的原始凭证编制的，作为记账依据的专用凭证。

转账凭证如图 3 – 9 所示。

转 账 凭 证

年　　月　　日　　　　转字第　　号

摘　要	总账科目	明细科目	√	借方金额										√	贷方金额									
				千	百	十	万	千	百	十	元	角	分		千	百	十	万	千	百	十	元	角	分
合　计																								

附单据　　张

财务主管　　记账　　出纳　　审核　　制单

图 3 – 9　转账凭证

（4）通用记账凭证。对于经济业务较简单、规模较小、收付业务较少的单位，为了简化核算，也可以采用通用记账凭证来记录所有经济业务。

通用记账凭证格式如图 3 – 10 所示。

通用记账凭证

出纳编号

年 月 日

凭证编号

摘要	结算方式	票号	借方科目		贷方科目												
			总账科目	明细科目	总账科目	明细科目	亿	千	百	十	万	千	百	十	元	角	分
附单据		张	合计														

图 3-10 通用记账凭证

2. 按照填制方法的不同，记账凭证可分为复式记账凭证和单式记账凭证。

（1）复式记账凭证。一笔经济业务所涉及的全部会计科目及其内容在同一张记账凭证中反映的记账凭证。

记账凭证能够反映账户之间的对应关系，便于了解有关经济业务的全貌，但不便于会计分工记账。一般而言，通用记账凭证可用于复式记账。

（2）单式记账凭证。每一笔经济业务所涉及的每一会计科目及其内容分别独立地反映的记账凭证。

由于一张凭证中只填列一个会计科目及其内容，所以便于会计分工记账以及按会计科目汇总，但其填制工作量大，且不便于反映经济业务的全貌以及账户的对应关系。

（二）记账凭证的要素

记账凭证必须具备的基本要素包括：

1. 填制单位名称和记账凭证的名称；
2. 填制凭证日期；
3. 凭证编号；
4. 经济业务内容摘要；
5. 会计科目的名称和金额；
6. 所附原始凭证的张数；
7. 记账备注；
8. 勾对已登记账簿的金额，并应在“记账”栏内打“√”号或签章；
9. 填制凭证人员、稽核人员、记账人员、会计主管人员等签章。

（三）记账凭证填制的基本要求

各种记账凭证必须按规定及时、准确、完整地填制。基本要素填写要求如下：

1. 日期的填写

现金收付记账凭证的日期以办理收付现金的日期填写；银行付款业务的记账凭证，一般以财会部门开出付款单据的日期或承付的日期填写；银行收款业务的记账凭证，一般按银行进账单或银行受理回执的戳记日期填写；月末结转的业务，按当月最后一天的日期填制。

2. 摘要的填写

填写的摘要，一要真实准确，其内容与经济业务的内容和所附原始凭证的内容相符；二要简明扼要，书写整齐清洁。

3. 会计科目的填写

会计科目的填写应填写会计科目的全称或会计科目的名称和编号，不得简写或只填会计科目的编号而不填名称。需填明细科目的，应在“明细科目”栏内填写明细科目的名称。

4. 金额的填写

记账凭证的金额必须与原始凭证的金额相符。在记账凭证的“合计”行填列合计金额；阿拉伯数字的填写要规范；在合计数字前应填写货币符号，不是合计数字前不应填写货币符号。一笔经济业务因涉及会计科目较多，需填写多张记账凭证的，只在最末一张记账凭证的“合计”行填写合计金额。

5. 记账凭证附件张数的计算

记账凭证一般附有原始凭证。附件张数的计算方法有两种：一种是按构成记账凭证金额的原始凭证（或原始凭证汇总表）计算张数，如转账业务的原始凭证张数计算。二是以所附原始凭证的自然张数为准，即凡与经济业务内容相关的每一张凭证，都作为记账凭证的附件。凡属收付款业务的，原始凭证张数计算均以自然张数为准。但对差旅费、市内交通费、医疗费等报销单据，可贴在一张纸上，作为一张原始凭证（报销清单）附件。

6. 会计分录的填制

不同类型的经济业务不得填制在一张记账凭证中，也不得对同类经济业务采取大汇总的办法填制记账凭证。转账凭证和通用记账凭证应按先“借”后“贷”的顺序填列。不得填制“有借无贷”或“有贷无借”的会计分录。

7. 记账凭证的编号

会计人员应及时对记账凭证予以编号。记账凭证无论是全部作为一类编号，还是按收、付、转编号，均应按月从“1”开始顺序编号，不得跳号、重号。业务量大的单位，可使用“记账凭证编号销号单”，在装订凭证时应将记账凭证编号销号单放在记账凭证汇总表之后，使记账凭证的编号、张数一目了然，以便查考。一组会计分录使用两张以上记账凭证，应按顺序用“分数”编列序号，两张凭证之间不要填写“过次页”、“承前页”。例如，第 8 号会计事项有三张记账凭证，编号分别为 8 1/3 号、8 2/3 号、8 3/3 号。

8. 签名或盖章

记账凭证上规定有关人员的签名或盖章，应全部签章齐全，以明确责任。财会人员较少的单位，在收、付记账凭证上，至少应有两人（会计和出纳）签章。一张记账凭证涉及几个会计记账的，凡记账的会计均应在“记账”签章处签章。会计主管对未审阅过的记账凭证，可以不签章，但仍应对其合法性、准确性负责，收、付款记账凭证还应由出纳人员签章。

对空行的要求：记账凭证不准跳行或留有余行。填制完毕的记账凭证如有空行的，应在金额栏划一斜线或“S”形线注销。划线应从金额栏最后一笔金额数字下面的空行划到合计数行的上面一行，并注意斜线或“S”形线两端都不能划到有金额数字的行次上。

填制记账凭证可用蓝黑墨水或碳素墨水；特殊情况下才可以用红字填制。

（四）收款凭证的填制

收款凭证是用来记录货币资金收款业务的凭证，它是由出纳人员根据审核无误的原始凭证收款后填制的。在借贷记账法下，在收款凭证左上方所填列的借方科目，应是“库存现金”或“银行存款”科目。在凭证内所反映的贷方科目，应填列与“库存现金”或“银行存款”相对应的科目。金额栏填列经济业务实际发生的数额，在凭证的右侧填写所附原始凭证张数，并在出纳及制单处签名或盖章。

凭证左上角“借方科目”处，按照业务内容选填“银行存款”或“库存现金”科目；凭证上方的“年、月、日”处，填写财会部门受理经济业务事项制证的日期；凭证右上角的“ 字第 号”处，填写“银收”或“收”字和已填制凭证的顺序编号：“摘要”栏填写能反映经济业务性质和特征的简要说明：“贷方一级科目”和“二级科目”栏填写与银行存款或现金收入相对应的一级科目及其二级科目：“金额”栏填写与同一行科目对应的发生额：“合计栏”填写各发生额的合计数；凭证右边“附件 张”处需填写所附原始凭证的张数；凭证下边分别由相关人员签字或盖章：“记账”栏则应在已经登记账簿后划“√”符号，表示已经入账，以免发生漏记或重记错误。

在最下面的财务主管、记账、出纳等处，需要相关人员签字或其签章。

（五）付款凭证的填制

付款凭证是根据现金和银行存款付出业务的原始凭证编制、专门用来填列付款业务会计分录的记账凭证。

由出纳人员根据审核无误的原始凭证填制。在凭证左上方的“贷方科目”处填写“库存现金”或“银行存款”；在上面日期和凭证号处填写日期（实际付款的日期）和凭证编号；在“摘要”栏内填写经济业务的摘要；在凭证内“借方科目”栏填写与“库存现金”或“银行存款”对应的借方科目；在“金额”栏填写金额；在凭证的右侧填写所附原始凭证的张数；在凭证的下方由相关责任人签字、盖章。

付款凭证的格式及填制方法与收款凭证基本相同，只是将凭证的“借方科目”与“贷方科目”栏目交换位置；填制时先填写“贷方科目”的“库存现金”或“银行存款”科目，再填写作为与付出现金或银行存款相对应的一级科目和二级科目。

对于现金和银行存款之间以及各种银行存款之间相互划转业务的，一般只填制一张付款凭证。如从银行取出现金备用，根据该项经济业务的原始凭证，只填制一张银行存款付款凭证。记账时，根据该凭证同时记入“库存现金”和“银行存款”账户。这种方法不仅可以减少记账凭证的编制，而且可以避免重复记账。

（六）转账凭证的填制

转账凭证是用以记录与货币资金收付无关的转账业务的凭证，由财务人员根据审核无误的转账业务（即不涉及库存现金和银行存款收付的各项业务）的原始凭证填制或汇总原始凭证填制。转账凭证是登记有关明细账与总分类账的依据。

在借贷记账法下，将经济业务所涉及的会计科目全部填列在凭证内，借方科目在先，贷方科目在后，将各会计科目所记应借应贷的金额填列在“借方金额”或“贷方金额”栏内。借、贷方金额合计数应该相等。制单人应在填制凭证后签名盖章，并在凭证的右侧填写所附原始凭证的张数。

在会计中，转账凭证用以编制不涉及“库存现金”和“银行存款”科目的会计分录。而涉及“库存现金”或者“银行存款”科目的会计分录，应当编制收款凭证或者付款凭证。

（七）通用记账凭证的填制

通用记账凭证是可以用来记录各种经济业务的凭证。采用通用记账凭证的经济单位，不再根据经济业务的内容分别填制收款凭证、付款凭证和转账凭证。所有涉及到货币资金收、付业务的记账凭证是由出纳员根据审核无误的原始凭证收、付款后填制；涉及转账业务的记账凭证，由有关会计人员根据审核无误的原始凭证填制。在借贷记账法下，将经济业务所涉及的会计科目全部填列在“借方余额”或“贷方余额”栏内。借、贷方金额合计数应相等。制单人应在填制凭证完毕后签名盖章，并在凭证右侧填写所附原始凭证的张数。

二、记账凭证的审核

记账凭证的审核，就是审核已填制好的、作为登记账簿依据的会计凭证的内容是否符合现行会计制度、财务管理制度和凭证填制的规定及要求，证实企业单位在会计核算上有无弄虚作假、徇私舞弊等问题存在的一种审查。其审核的要点有：

1. 记账凭证的基本要素是否完整，有无缺少或空白，主要是看填制日期、编号、业务内容摘要、附原始凭证张数、会计科目及其借贷方向、填制、出纳、复核及会计主管人员的签章等，是否清晰、准确。

2. 审查科目的运用是否针对经济业务的性质和内容，是否符合有关会计准则和会计制度的规定，借贷方向是否正确。

3. 审查各级负责人和有关经办人的签章是否齐备，其会计责任是否明确，有无手续不清、责任不明的现象。

4. 复核记账凭证的单价、数量和明细金额、合计金额是否正确，有无多计、少计和误计。

5. 核对记账凭证与对应的账簿记录是否一致，有无出入或账证不符的情况。

6. 与所附的原始凭证核对，视其数量、金额、摘要等是否一致，有无证证不符的现象。

7. 审查科目对应关系及借、贷金额是否正确，两类科目的金额是否平衡。

独立地进行记账凭证检查，往往只能发现某些疑点及异常，对于一些“假账真做”和“真账假做”的情况并不能单纯依靠记账凭证的检查。因此，记账凭证的检查应与原始凭证及会计账簿检查合理搭配起来，才容易把握有关问题发生、发展的来龙去脉，查出隐藏其中的会计错弊。

三、记账凭证常见错误的更正

记账凭证常见的错误更正方法有三种：划线更正法、红字更正法和补充登记法。

（一）划线更正法

在填制凭证过程中，如发现文字或数字记错时，可采用划线更正法进行更正。即先在错误的文字数字上划一红线，然后在划线上方填写正确的记录。在划线时，如果是文字错误，可只划销错误部分；如果是数字上错误，应将全部数字划销，不得只划销错误数字。划销时必须注意使原来的错误字迹仍可辨认。更正后，经办人应在划线的一端盖章，以示负责。

（二）红字更正法

在记账以后，如果在当年内发现记账凭证所记的科目或金额有错时，可以采用红字更正法进行更正。所谓红字更正法，即先用红字填制一张与原错误完全相同的记账凭证，据以用红字登记入账，冲销原有的错误记录；同时再用蓝字填制一张正确的记账凭证，注明"更正×年×月×号凭证"，据以登记入账，这样就把原来的差错更正过来。应用红字更正法是为了正确反映账簿中的发生额和科目的对应关系。例如，李明出差，借差旅费5 000元，开出现金支票支付。记账时本应贷记"银行存款"科目，而却误记"库存现金"科目，并已登记入账。其更正方法如下：

①用红字金额填制一张与原错误分录相同的记账凭证，分录如下：

借：其他应收款——李明　　5 000（红字）

　　贷：库存现金　　5 000（红字）

②用蓝字填制一张正确记账凭证，其分录如下：

借：其他应收款——李明　　5 000

　　贷：银行存款　　5 000

有时，根据记账凭证分别记入的有关科目并无错误，但所填金额大于应填金额时，也可按照正确数字与错误数字的差额用红字金额填制一张记账凭证，据以登记入账，以冲销多记部分，并在账簿摘要栏注明"冲销×年×月×号凭证多记金额"。例如，采用商业汇票结算方式，收到购货方开出并承兑的商业汇票10 000元，作为销售实现。在填制记账凭证时，将金额10 000元误记100 000元，多记了90 000元，并已入账。其误记分录为：

借：应收票据　　100 000

　　贷：主营业务收入　　100 000

为了更正有关账户多记的90 000元，就应用红字金额填制一张记账凭证。其分录如下：

借：应收票据　　90 000（红字）

　　贷：主营业务收入　　90 000（红字）

根据此记账凭证登记入账后，使"应收票据"和"主营业务收入"两科目原来的错误记录都得到了更正。

（三）补充登记法

在记账以后，发现记账凭证填写的金额小于实际金额时，可采用补充登记法进行更正。更正时，可将少记数额填制一张记账凭证补充登记入账，并在摘要栏注明"补充×年×月×日×号凭证少记金额"。例如，通过开户银行收到某购货单位偿还的前欠货款6 500元，在填制记账凭证时，将金额误记为5 600元，少记了900元，并已登记入账。更正时，应将少记的 900 元用蓝字填制一张记账凭证，并登记入账。其补充更正分录是：

借：银行存款　　900

　　贷：应收账款　　900

根据此记账凭证登记入账后，使“银行存款”和“应收账款”两科目的原来错误都得到了更正。

红字更正法和补充登记法都是用来更正因记账错误而产生的记账差错。如果记账凭证无错，只是登记入账时发生误记，这种非因记账凭证误记的差错，无论何时发现（在实际工作中，由于定期核对账目，不可能经过很长时间才被发现）都不能用这两种方法更正，而应用划线法进行更正。因为记账必须以凭证为根据，一张记账凭证不仅是登记明细账的根据，也是汇总登记总账的根据。在同一记账根据的基础上，不一定两种账同时都记错，假如总账未记错，只是某一明细科目记错了数字，如果为订正这一明细科目差错，而采用了红字更正法或补充登记法，势必影响总账发生变动，即将原来的正确数订正为错误数。所以，非因记账凭证误记的差错只能用划线更正法进行更正。

第三节 会计账簿业务实训

一、会计账簿的填制

（一）会计账簿的概念

会计账簿，简称账簿，是由具有一定格式、相互联系的若干账页组成，以会计凭证为依据，全面、连续、系统、分类地记录各项经济业务的会计簿籍。

设置和登记账簿是会计核算的专门方法之一。各单位通过会计凭证的填制和审核，将每日发生的经济业务记录在会计凭证上。但会计凭证数量多、资料分散，每张凭证只能记载个别的经济业务，所提供的信息是分散的、不系统的。为了全面、连续、系统地反映各单位的经济活动和财务收支情况，需要把会计凭证所记载的大量分散的资料加以分类、整理，按照一定的方法登记到有关账簿中去。

设置和登记账簿，能系统地记录和提供企业经济活动的各种信息。它对于充分发挥会计在经济管理中的作用具有重要意义。

（二）会计账簿的种类

会计账簿的种类多种多样，不同种类的账簿其账页格式、用途和登记方法各不相同。为了更好地了解和正确地运用账簿，通常按用途和外表形式的不同对账簿进行分类。

1. 账簿按其用途分类。账簿按其用途可分为分类账簿、序时账簿和备查账簿。

（1）分类账簿。

分类账簿又称分类账，是指对全部经济业务按照账户进行分类登记的账簿。分类账簿按照反映指标的详细程度划分，分为总分类账簿和明细分类账簿。

总分类账簿又称总分类账，或简称总账，是按照总分类账户开设，用以记录全部经济业务，提供总括核算指标的分类账簿。

明细分类账簿又称明细分类账，或简称明细账，是按照总分类账户所属的明细账户开设，用以分类记录某类经济业务，提供比较详细的核算指标的分类账簿。

（2）序时账簿。序时账簿，又称日记账，是按照经济业务发生的时间先后顺序，逐日逐笔连续进行登记的账簿。按其记录的内容不同，序时账簿又分为普通日记账和特种日记账两种。普通日记账是用来登记全部经济业务发生情况的日记账，是把每天发生的全部经济业务，按照发生时间的先后顺序，编制会计分录，逐笔记入日记账中。特种日记账是专门用来登记某一类经济业务发生情况的日记账。通常把某一类繁多、重要的经济业务，按照发生时间的先后顺序，记入特种日记账中。特种日记账是从普通日记账中分离出来而单独设置的日记账。常用的特种日记账有现金日记账、银行存款日记账等。

（3）备查账簿。备查账簿，又称辅助性账簿。是对某些未能在分类账簿和序时账簿中登记的事项进行补充登记的账簿。主要用来记录一些供日后查考的有关经济事项。如以经营租赁方式租入固定资产登记簿等。备查账簿是对账簿记录的一种补充，主要起备忘参考和补充某些信息的作用。

2. 账簿按其外表形式分类

账簿按其外表形式可分为订本式账簿、活页式账簿和卡片式账簿三种。

（1）订本式账簿。订本式账簿简称订本账，是在启用前，就将若干账页固定装订成册并连续编号的账簿。采用订本账可以防止人为抽换账页，避免账页散失，但同一本账簿在同一时间只能由一人记账，不便于分工记账。同时，由于账页固定，在使用前必须估计每一账户所需要的账页张数，预留账页。如果预留账页不足，会影响账簿记录的连续性；反之，如果预留账页太多，会造成浪费。在实际工作中，比较重要的账簿如总账、现金日记账、银行存款日记账一般采用订本式账簿。

（2）活页式账簿。活页式账簿简称活页账，是指由若干张零散的账页根据需要自行组合成的账簿。使用活页账，账页事先不装订在一起，可根据需要随时将空白账页加入账簿。其优点是可以由多人分工记账，节省账页纸张，且登记方便。为避免账页散失和被抽换，已经登记的账页应连续编号，装置在账夹之中，并由登记人员和其他有关人员签章。在更换新账后，应将其装订成册或予以封扎，并妥善保管。活页式账簿主要适用于各种明细账。

（3）卡片式账簿。卡片式账簿简称卡片账，是用印有特定格式的卡片登记经济业务的账簿。卡片式账簿可以根据经济业务的情况需要随时增减。其优点是使用比较灵活，并可跨年度使用，无需经常更换，但容易散失。因此，卡片式账簿必须顺序编号，存放在卡片箱里由专人保管，使用完毕不再登记时，将卡片串孔固定保管。卡片式账簿一般适用于所记内容比较固定的明细账，如固定资产明细账等。

会计账簿分类如图 3－11 所示。

（三）会计账簿的结构

《会计基础工作规范》第五十六条规定：“会计账簿包括总账、明细账、日记账和其他辅助性账簿。”这是会计核算自身内在规律的要求。为了使各种散乱、繁杂的经济业务的信息或数据成为有用的会计信息，要通过不同种类的会计账簿对一个单位的全部经济业务信息

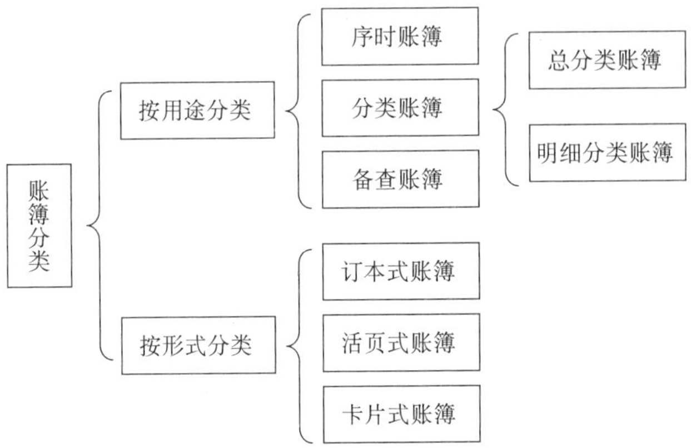

图 3－11　会计账簿的分类

或数据进行连续的、相互衔接的分类归集、整理和加工。这些账簿构成会计信息形成过程中的不同环节，为整个过程能达到预定的目标提供了实现的手段。

各种账簿所记录的经济内容不同，账簿的格式又多种多样，但各种账簿应具备下列基本内容：

1. 封面。封面主要标明填写账簿的名称（如总账、现金日记账、材料物资明细账、债权债务明细账等）和记账单位的名称。

2. 扉页。扉页主要列明账户目录和账簿启用及交接表（或经管账簿人员一览表）。

账户目录由记账人员按照已开设好的账户顺序填列，包括会计科目编号、名称和起讫页次。对于活页式账簿，由于可以随时添加账页，账户登记的起讫账页无法在账簿启用时确定，可以先填写账户名称（会计科目），待年终账簿装订归档时再按实际使用的账页数填写页码。账户目录的样式如表 3－1 所示。

表 3－1　　　　账户目录

页码	会计科目	页码	会计科目	页码	会计科目	页码	会计科目

账簿启用及交接表主要填写账簿的启用日期、账簿页数、经管账簿人员姓名和签章、单位公章、账簿交接时间和有关交接人员的签章等。账簿启用及交接表的一般格式如表 3－2 所示。

3. 账页。账页是账簿的主要内容，账页的格式因账簿的用途如总账、明细账和日记账等不同而不相同，因反映的经济业务内容不同而不相同。但一般都包括下列基本内容：

（1）账户名称或称会计科目（一级科目和二级明细科目）。

（2）记账日期栏，包括年、月、日。

（3）凭证种类和号数栏。

表 3－2　　　　　　　　　　　　　　账簿启用及交接表

<table>
<tr><td colspan="5">使用单位</td><td colspan="8"></td><td colspan="4">单位签章</td></tr>
<tr><td colspan="5">账簿名称</td><td colspan="8"></td><td colspan="4" rowspan="4"></td></tr>
<tr><td colspan="5">账簿编号</td><td colspan="8">总　册　第　册</td></tr>
<tr><td colspan="5">账簿页数</td><td colspan="8">本账簿共计　页</td></tr>
<tr><td colspan="5">启用日期</td><td colspan="8">年　月　日　至　年　月　日</td></tr>
<tr><td rowspan="3">经管人员</td><td colspan="4">记账</td><td colspan="4">审核</td><td colspan="4">会计主管</td><td colspan="4">负责人</td></tr>
<tr><td colspan="2">姓名</td><td colspan="2">盖章</td><td colspan="2">姓名</td><td colspan="2">盖章</td><td colspan="2">姓名</td><td colspan="2">盖章</td><td colspan="2">姓名</td><td colspan="2">盖章</td></tr>
<tr><td colspan="2"></td><td colspan="2"></td><td colspan="2"></td><td colspan="2"></td><td colspan="2"></td><td colspan="2"></td><td colspan="2"></td><td colspan="2"></td></tr>
<tr><td rowspan="4">交接记录</td><td colspan="4">日期</td><td colspan="4">移交</td><td colspan="4">接管</td><td colspan="4">监交</td></tr>
<tr><td>年</td><td colspan="2">月</td><td>日</td><td>职务</td><td colspan="2">姓名</td><td>签章</td><td>职务</td><td colspan="2">姓名</td><td>签章</td><td>职务</td><td colspan="2">姓名</td><td>签章</td></tr>
<tr><td></td><td colspan="2"></td><td></td><td></td><td colspan="2"></td><td></td><td></td><td colspan="2"></td><td></td><td></td><td colspan="2"></td><td></td></tr>
<tr><td></td><td colspan="2"></td><td></td><td></td><td colspan="2"></td><td></td><td></td><td colspan="2"></td><td></td><td></td><td colspan="2"></td><td></td></tr>
</table>

（4）摘要栏。

（5）借、贷方金额及余额的方向、金额栏。

（6）页次（包括总页次和分户页次）。

（四）账簿启用的实训

启用会计账簿时，应当在账簿的有关位置记录以下相关信息：

1. 设置账簿的封面。除订本账不另设封面以外，各种活页账都应设置封面和封底，并登记单位名称、账簿名称和所属会计年度。

2. 登记账簿启用及经管人员一览表。在启用新会计账簿时，应首先填写在扉页上印制的“账簿启用及交接表”中的启用说明，其中包括单位名称、账簿名称、账簿编号、起止日期、单位负责人、主管会计、审计人员和记账人员等项目，并加盖单位公章。在会计人员发生变更时，应办理交接手续并填写“账簿启用及交接表”中的交接说明。

3. 填写账户目录。总账应按照会计科目的编号顺序填写科目名称及启用页码。在启用活页式明细分类账时，应按照所属会计科目填写科目名称和页码，在年度结账后，撤去空白账页，填写使用页码。

4. 粘贴印花税票。印花税票应粘贴在账簿的右上角，并且划线注销。在使用缴款书缴纳印花税时，应在右上角注明“印花税已缴”及缴款金额。

账簿启用表如图 3－12 所示。

《会计基础工作规范》第五十九条规定：“启用订本式账簿，应当从第一页到最后一页顺序编定页数，不得跳页、缺号。使用活页式账页，应当按账户顺序编号，并须定期装订成册。装订后再按实际使用的账页顺序编定页码，另加目录，记明每个账户的名称和页次。”

（五）账簿结转的实训

结账是指在本期所有发生的经济业务已经全部登记入账的基础上，在会计期末按照一定的方法结算账目，主要包括结出本期发生额和期末余额。各个企业的经济活动是连续不断进

账簿启用表

<table>
<tr><td>单位名称</td><td></td><td rowspan="5">单位盖章</td></tr>
<tr><td>账簿名称</td><td></td></tr>
<tr><td>账簿页数</td><td>本账簿共计　　页</td></tr>
<tr><td>启用日期</td><td>年　月　日</td></tr>
<tr><td>止用日期</td><td>年　月　日</td></tr>
</table>

经管本账簿人员一览表

<table>
<tr><td rowspan="2">经管人姓名</td><td colspan="3">接　管</td><td colspan="3">移　交</td><td rowspan="2">经管人盖章</td><td rowspan="2">会计主管人员盖章</td></tr>
<tr><td>年</td><td>月</td><td>日</td><td>年</td><td>月</td><td>日</td></tr>
<tr><td></td><td></td><td></td><td></td><td></td><td></td><td></td><td></td><td></td></tr>
<tr><td></td><td></td><td></td><td></td><td></td><td></td><td></td><td></td><td></td></tr>
<tr><td></td><td></td><td></td><td></td><td></td><td></td><td></td><td></td><td></td></tr>
<tr><td></td><td></td><td></td><td></td><td></td><td></td><td></td><td></td><td></td></tr>
<tr><td></td><td></td><td></td><td></td><td></td><td></td><td></td><td></td><td></td></tr>
<tr><td></td><td></td><td></td><td></td><td></td><td></td><td></td><td></td><td></td></tr>
</table>

图 3-12　账簿启用表

行的，进行结账的目的是为了总结每一个会计期间（月份、季度、年度）的经济活动情况，考核经营成果，以及最重要的一个目的——编制会计报表。

1. 结账的主要程序和内容。在结账之前，要有准备工作，结账的程序和内容主要包括以下三项：

（1）结账之前，必须保证本期内发生的各项经济业务已经全部登记入账。

（2）做好有关账项调整的账务处理，并且在此基础上，进行有关结转业务的会计处理，通过结转可以计算出本期的成本、费用、收入和利润。需要注意的是，不能为了赶制报表而提前结账，不能将本期发生的经济业务延至下期登账，也不能先编制会计报表后结账。

（3）结账时，还应当计算出现金日记账、银行存款日记账、总分类账和明细分类账的各账户的本期发生额和期末余额，并且将期末余额结转至下期。

2. 账簿结转的方法

计算出各种账簿本期发生额和期末余额的工作，一般是按月进行的，称为月结；有的账目还应按季结算，称为季结；年度终了，还应进行年终结账，称为年结。

期末结账的方法主要是采用"划线结账法"。也就是期末结出各账户的本期发生额和期末余额后，加以划线标记，将期末余额结转至下期。

结账时，不同的账户记录应分别采用不同的方法：

（1）每月结账时，应该在各账户本月份最后一笔业务记录下面划一条通栏红线，表示本月结束；然后，在红线下面计算出本月发生额和月末余额，如果没有余额，在余额栏内写上"平"或者"θ"符号。同时，在摘要栏内注明"本月合计"或"×月份发生额及余额"字样，最后，再在下面划一条通栏红线，表示完成月结工作。

（2）季结的结账方法与月结基本相同，但在摘要栏内注明"本季合计"或"第×季度发生额及余额”字样。

（3）办理年结时，应在本年度12月份月结下面（需办理季结的，应在第四季度的季结下面）计算并填列全年12个月的月结发生额和年末余额，如果没有余额的，在余额栏内写上“平”或“θ”符号，并在摘要栏内注明“本年合计”或“年度发生额及余额”字样；然后，将年初借（或贷）方余额抄列于下一行的借（或贷）方栏内，在摘要栏内注明“年初余额”字样，同时将年末借（或贷）方余额在列入下一行的贷（或借）方栏内，在摘要栏内注明“结转下年”字样；最后，分别加计借贷合计数，并在合计数下面划通栏双红线表示封账，完成了年结工作。需要更换新账的，应在新账有关账户的第一行摘要栏内注明“上年结转”或“年初余额”字样，并将上年的年末余额以相同方向记入新账中的余额栏内。

（六）现金日记账的设置、登记

现金日记账是用来对库存现金的日常收支变动和结存情况按时间先后顺序逐笔登记、连续反映的账簿。

利用现金日记账的记录，可以对现金的保管、使用及现金管理制度的执行情况进行严格的日常监督，可以检查现金收款凭证、付款凭证有无丢失情况，保证账证相符、账实相符。

现金日记账的格式一般有两种：一种是三栏式，一种是多栏式。

三栏式现金日记账，现金的收入、支出和结余同在一张账页上。

多栏式现金日记账，是在三栏式日记账基础上发展建立起来的。现金支出数应按应借科目分设支出专栏、收入专栏。这样，各有关专栏的合计数，就可用来登记有关的总账。这种现金日记账的收入栏和支出栏，如果分别按照对应科目设置专栏，并列入一本账簿，则账簿篇幅势必太大，因而一般将这种日记账划分为现金收入日记账和现金支出日记账。

现金日记账通常是根据审核后的现金收款、付款凭证逐日逐笔按照经济业务发生的顺序进行登记的，为了加强对企业现金的监管，现金日记账采用订本式账簿。

现金日记账亦是用来核算和监督库存现金每天的收入、支出和结存情况的账簿。由出纳人员根据与现金收付有关的记账凭证，如现金收款、现金付款、银行付款（提现业务）凭证，逐日逐笔进行登记，并随时结记余额。

登记现金日记账时，除了遵循账簿登记的基本要求外，还应注意以下栏目的填写方法：

1. 日期

“日期”栏中填入的应为据以登记账簿的会计凭证上的日期，现金日记账一般依据记账凭证登记，因此，此处日期为编制该记账凭证的日期。不能填写原始凭证上记载的发生或完成该经济业务的日期，也不是实际登记该账簿的日期。

2. 凭证编号

“凭证字号”栏中应填入据以登账的会计凭证类型及编号。如，企业采用通用凭证格式，根据记账凭证登记现金日记账时，填入“记×号”；企业采用专用凭证格式，根据现金收款凭证登记现金日记账时，填入“收×号”。

3. 摘要

“摘要”栏简要说明入账的经济业务的内容，力求简明扼要。

4. 对应科目

“对应科目”栏应填入会计分录中“库存现金”科目的对应科目，用以反映库存现金增减变化的来龙去脉。在填写对应科目时，应注意以下三点：

第一，对应科目只填总账科目，不需填明细科目；

第二，当对应科目有多个时，应填入主要对应科目，如销售产品收到现金，则“库存现金”的对应科目有“主营业务收入”和“应交税费”，此时可在对应科目栏中填入“主营业务收入”，在借方金额栏中填入取得的现金总额，而不能将一笔现金增加业务拆分成两个对应科目金额填入两行；

第三，当对应科目有多个且不能从科目上划分出主次时，可在对应科目栏中填入其中金额较大的科目，并在其后加上“等”字。如用现金 800 元购买零星办公用品，其中 300 元由车间负担，500 元由行政管理部门负担，则在现金日记账“对应科目”栏中填入“管理费用等”，在贷方金额栏中填入支付的现金总额 800 元。

5. 借方、贷方金额

“借方金额”栏、“贷方金额”栏应根据相关凭证中记录的“库存现金”科目的借贷方向及金额记入。

6. 余额

“余额”栏应根据“本行余额 = 上行余额 + 本行借方 - 本行贷方”公式计算填入。

正常情况下库存现金不允许出现贷方余额，因此，现金日记账余额栏前未印有借贷方向，其余额方向默认为借方。若在登记现金日记账过程中，由于登账顺序等特殊原因出现了贷方余额，则在余额栏用红字登记，表示贷方余额。

（七）银行存款日记账的设置、登记

银行存款日记账是专门用来记录银行存款收支业务的一种特种日记账。银行存款日记账必须采用订本式账簿，其账页格式一般采用“收入”（借方）、“支出”（贷方）和“余额”三栏式。银行存款收入数额应根据有关的现金付款凭证登记。每日业务终了时，应计算、登记当日的银行存款收入合计数、银行存款支出合计数及账面结余额，以便于检查监督各项收入和支出款项，避免银行存款的透支，更便于定期同银行送来的对账单进行核对。

银行存款日记账是用来反映银行存款增加、减少和结存情况的账簿。企业应按币种设置银行存款日记账进行明细分类核算，其格式也有“三栏式”、“多栏式”和“收付分页式”三种。

银行存款日记账通常也是由出纳员根据审核后的有关银行存款收、付款凭证，逐日逐笔顺序登记的。

登记银行存款日记账的总的要求是：银行存款日记账由出纳人员专门负责登记，登记时必须做到反映经济业务的内容完整；登记账目及时，凭证齐全，账证相符；数字真实、准确，书写工整；摘要清楚明了，便于查阅；不重记、不漏记、不错记；按期结算，不拖延积压；按规定方法更正错账，从而使账目既能明确经济责任，又清晰美观。具体要求是：

1. 根据复核无误的银行存款收、付款记账凭证登记账簿。
2. 所记载的经济业务内容必须同记账凭证相一致，不得随便增减。
3. 要按经济业务发生的顺序逐笔登记账簿。
4. 必须连续登记，不得跳行、隔页，不得随便更换账页和撕扯账页。
5. 文字和数字必须整洁清晰，准确无误。

6. 使用钢笔或碳素笔，以蓝、黑色墨水书写，不得使用圆珠笔（银行复写账簿除外）或铅笔书写。

7. 每一账页记完后，必须按规定转页。

8. 每月月末必须按规定结账。

（八）三栏式明细账的设置、登记

三栏式明细账在账页中只设有借方、贷方和余额三个金额栏。它适用于只需要提供价值信息的账户。如应收账款明细账、应付账款明细账等结算类明细账和资本类明细账都可采用三栏式。为区别总分类账中的三栏式，在实际工作中，将明细账中的三栏式称之为“甲式账”。三栏式明细账账页格式及内容图 3 – 13 所示。

会计科目：　　　　　　　二级或明细科目：

年		凭证字号	摘　要	借方	贷方	借或贷	余额
月	日						

图 3 – 13　三栏式明细账

三栏式明细账是由会计人员根据审核后的记账凭证，按经济业务发生的时间先后顺序逐日逐笔进行登记的。日期栏登记经济业务发生的具体时间，与记账凭证的日期一致；凭证字号栏登记原始凭证或记账凭证的种类和编号；摘要栏登记业务的简要内容，通常也和记账凭证中的摘要内容是一致的；借方、贷方金额栏登记账户的借方、贷方发生额；借或贷栏登记余额的方向；余额栏登记每笔业务发生后该账户的余额。

（九）多栏式明细账的设置、登记

多栏式明细分类账，是根据经济业务的特点和经营管理的需要，在一张账页上按有关明细科目或明细项目分设若干栏目，以在同一张账页上集中反映各有关明细科目或明细项目的核算资料。

多栏式明细账，在账页中设有日期、凭证字号、摘要、对方科目、记账科目等多项。其中记账科目在一级总账科目下可分设出多个明细栏目以供登记二级明细分类账目。这种格式的账页适用于需要设置多个明细科目或明细项目的成本或费用类账户，如“材料采购”明细账、“生产成本”明细账、“管理费用”明细账、“销售费用”明细账、“营业外收入”明细账和“主营业务收入”明细账等。多栏式明细账的账页格式及内容如图 3 – 14 所示。

年		凭证字号	摘 要	对方科目						借或贷	余额
月	日								合计		

图 3 – 14　多栏式明细账

多栏式明细账依据审核后的记账凭证和原始凭证，按照业务发生的时间先后顺序进行登记。

（十）数量金额式进销存账的设置、登记

数量金额式明细账的账页，设有收入、发出和结存三大栏次，并在每一大栏下设有数量、单价和金额三个小栏目。这种格式适用于既要进行数量核算，又要进行金额核算的各种财产物资类账户。如“原材料”、“产成品”等账户的明细分类核算。由于在明细账中有了“甲式账”，在实际工作中将数量金额式明细分类账称为“乙式账”。数量金额式明细账的账页格式及内容如图 3－15 所示。

账簿名称：

名称： 储备定额：

编号： 类别： 规格： 计量单位： 存放地点： 计划单价：

年		凭证		摘　要	收入			发出			结存		
月	日	字	号		数量	单价	金额	数量	单价	金额	数量	单价	金额

图 3－15　数量金额式明细账

数量金额式明细账可以由会计人员根据原始凭证按照经济业务发生的时间先后顺序逐日逐笔进行登记，也可以由仓库保管员根据原始凭证按照时间先后顺序逐日逐笔进行登记。

数量金额式明细账的具体登记方法如下：

1. 日期栏登记经济业务发生的具体日期，应与原始凭证的日期一致。

2. 凭证字、号栏按证明业务发生或完成的原始凭证进行登记，一般情况下，原材料增减业务的原始凭证叫收料单（简称“收”字）、领料单（简称“领”字）和限额领料单简称“限领”字）；产成品增减业务的原始凭证叫入库单（简称“入”字）、出库单（简称“出”字）。

3. 摘要栏登记业务的简要内容，文字力求简练，但要能说明问题。

4. 入库、出库栏中的数量栏登记实际入、出库的财产物资的数量；入库单价栏和金额栏按照所入库材料的单位成本登记；出库栏和结存栏中的单价栏和金额栏，登记时间及登记金额取决于企业所采用的期末存货计价方法，在采用月末一次加权平均法下，出库单价栏和金额一个月只在月末登记一次。

（十一）总账的设置、登记

总账（亦称总分类账）是根据会计科目（亦称总账科目）开设的账簿，用来分类登记一个单位的全部经济业务，提供资产、负债、资本、费用、成本、收入和成果等总括核算的资料。《规范》对总账的具体形式未作统一规定，各单位可根据所采用的记账方法和账务处理程序的需要设置总账。

1. 总账的设置

总账一般采用三栏式。在采用借贷记账法的情况下，可以采用按借方、贷方和余额设栏的总账。其账页格式又有两种，一种是在借方金额栏和贷方金额栏内再设“对方科目”栏，另一种则是不在借贷栏内设“对方科目”栏。

总账一般应采用订本式，这有利于保护总账记录的安全和完整。

2. 总账的登记

登记总账，有两种方法。可以直接根据各种记账凭证逐笔进行，也可以把各种记账凭证先行汇总，编制成汇总记账凭证或科目汇总表后再据以进行登记。

（1）采用记账凭证核算形式登记总账，直接根据记账凭证定期（3 天、5 天或 10 天）登记。在这种核算形式下，应当尽可能地根据原始凭证编制原始凭证汇总表，根据原始凭证汇总表和原始凭证填制记账凭证，根据记账凭证登记总账。

（2）采用科目汇总表形式登记总账，可以根据定期汇总编制的科目汇总表登记总账。科目汇总表是根据每月发生的全部记账凭证，按科目作为归类标志进行编制的。编制方法为：

①将本月发生的每项经济业务所涉及的会计科目填制在“会计科目”栏。

②根据本月全部记账凭证，按会计科目分别加总借方发生额和贷方发生额，并将其填列在相应会计科目行的“借方金额”和“贷方金额”栏；

③将汇总完毕的所有会计科目的借方发生额和贷方发生额汇总，进行发生额的试算平衡。

④科目汇总表编制的时间，应根据经济业务量的多少而定，可选择 5 天、10 天、15 天或 1 个月。

二、结转、对账、调账和错账的更正

1. 结账

结账，就是把一定时期（月、季、年）内所发生的经济业务全部登记入账后，计算并记录各种账簿的本期发生额和期末余额，进行试算平衡，并结转下期或下年度账簿的一种账务处理方法。

会计人员应将本期所发生的所有业务全部登记入账并经对账确认无误后，计算出本期各记账科目的借方发生额、贷方发生额和期末余额，以了解本单位在本会计期间内各会计科目的全部发生情况和期末结存情况，编制科目汇总表，以为编制会计报表提供依据。结账前，会计人员应首先查明本会计期间内（当天、当月、当季、当年）所发生的所有经济业务是否都已取得原始凭证，是否都已编制记账凭证并已登记入账，是否账证、账账、账实相符，对于在对账过程中发现的各种问题，应及时处理解决后才能结账。结账的时间主要有日结、月结、年结等。

（1）日结。每日业务终了，出纳员逐笔、顺序地登记完现金日记账和银行存款日记账后，应结出本日余额，现金日记账余额应与当日库存现金核对。

（2）月结。办理月结，应在各账户最后一笔记录下面划一道通栏粗红线表示本月业务结束，在红线下结算出本月发生额及月末余额，如无余额，应在“借”或“贷”栏内注明“平”字并在余额栏内填“√”或“θ”符号，并在摘要栏内标明“本月合计”或“月发生额及余额”字样，然后在下面再划一通栏红线，表示完成月结工作。

（3）季结和年结。办理季结或年度结账时，应在季末或年末月份月结数下，结算本季或本年合计数及季末余额，并在摘要栏内写明“本年或本年合计”或“×季度或年度发生额及余额”字样，如为季结，在其上下各划一道通栏红线；如为年结，将年末借（或贷）方余额，引入下一行借（或贷）方栏内，并在摘要栏内注明“年末余额”字样，将年末借（或贷）方余额，引入下一行的借或（贷）方栏内并在摘要栏内注明“结转下年”字样，最后加总借贷双方各自合计数（借贷双方的合计数应平衡），再在合计数下划两道通栏红线以示封账。

（4）更换新账簿。在年度换账簿时，应同时在下年新账中相应账户的第一页第一行标明“上年结转”或“年初余额”字样，并将上年的年末余额直接记入新账的“余额”栏内，同时标明余额方向、新旧账有关账户之间转记余额的，不再编制记账凭证。

2. 对账

对账就是核对账目。按照《会计基础工作规范》的要求，各单位应当定期将会计账簿记录的有关数字与库存实物、货币资金、有价证券往来单位或个人等进行相互核对，保证账证相符、账账相符、账实相符，对账工作每年至少进行一次。对账的主要内容是：

（1）账证核对。核对会计账簿记录与原始凭证、记账凭证的时间、凭证字号、内容、金额是否一致，记账方向是否相符。

（2）账账核对。核对不同会计账簿记录是否相符。包括：总账有关账户的余额核对；总账与明细账核对；总账与日记账核对等。

（3）账实核对。核对会计账簿记录与财产等实有数额是否相符。包括：现金日记账账面余额与现金实际库存数核对；银行存款日记账账面余额与银行对账单核对；各种应收、应付款明细账账面余额与有关债务、债权单位或者个人核对等。

企业在月结、季结、年结时主要应进行的账实相符工作有：固定资产盘点、银行存款往来对账、应收账款对账。

3. 调账

调账在经济生活中，一般指的是在会计处理中的一个内容，即通过调整账务以达到预期或规定的结果。如：某企业出于自身利益的需要或税务稽查后对本企业会计账务进行的调整（包括收入、成本调整，年度审计后调整等）。

查账人员对错账进行调整，有以下几种基本方法：

（1）追溯调整法：是指对某项交易或事项变更会计政策时，如同该交易或事项初次发生时就开始采用新的会计政策，并以此对相关项目进行调整。即，应当计算会计政策变更的累积影响数，并相应调整变更年度的期初留存收益以及会计报表的相关项目。

追溯调整法的运用，首先，计算累计影响数；第二，进行相关的账务处理（调账），对留存收益（包括法定盈余公积，任意盈余公积及未分配利润）进行调账；第三，调整相关的会计报表，在提供比较会计报表时，要对受影响的各该期间会计报表的相关项目进行调整；第四，在表外进行披露，即在财务报告附注中进行说明。

其中，累计影响数根据企业会计制度的规定，从三种不同角度给出了三种定义：

①变更后的会计政策对以前各项追溯计算的变更年度期初留存收益应有金额与现有金额之间的差额；

②假设与会计政策相关的交易或事项在初次发生时即采用新的会计政策，而得出的变更年度期初收益应有金额与现有金额之间的差额；

③变更会计政策所导致的对净损益的累积影响，以及由此导致的对利润分配及未分配利润的累积影响金额，不包括分配的利润或股利。

（2）未来适用法：指对某项交易或事项变更会计政策时，新的会计政策适用于变更当期及未来期间发生的交易或事项。即，不计算会计政策变更的累积影响数，也不必调整变更当年年初的留存收益，只在变更当年采用新的会计政策。根据披露要求，企业应计算确定会计政策变更对当期净利润的影响数。

（3）红字更正法：又叫红笔订正法、红字冲账法。它适用于记账凭证的会计分录或金额发生错误，且已入账的情况。更正时，用红字填制内容相同的记账凭证，冲销原有错误记录，并用蓝字填制正确的记账凭证据以入账。

（4）补充登记法：适用于记账后发现记账凭证中应借、应贷的会计科目正确，但所填的金额小于正确金额的情况。采用补充登记法时，将少填的金额用蓝字填制一张记账凭证，并在“摘要”栏内注明“补充第×号凭证少计数”，并据以登记入账。这样便将少记的金额补充登记入账簿。

（5）不能按错误额直接调整的调账方法：税务检查中审查出的纳税错误数额，有的直接表现为实现的利润，不需进行计算分摊，直接调整利润账户；有的需经过计算分摊，将错误的数额分别摊入相应的有关账户内，才能确定应调整的利润数额。后一种情况主要是在材料采购成本、原材料成本的结转、生产成本的核算中发生的错误，如果尚未完成一个生产周期，其错误额会依次转入原材料、在产品、产成品、销售成本及利润中，导致虚增利润，使纳税人多缴当期的所得税。因此，应将错误额根据具体情况在期末原材料、在产品、产成品和本期销售产品成本之间进行合理分摊。否则一旦全部调增利润会造成虚增利润，导致企业超额缴税。

如某企业某月多计材料采购成本 20000 元，生产领用一批，所领材料部分加工完成产成品一批，完工产品销售一部分，其 10000 元的错误额此时已进入原材料，在产品，产成品，销售成本之中。因此应按比例计算确定各部分相应的错误额，相应调整各有关账户，而不能将 10000 元的错误额全部调增当期利润。

原则上讲，分摊时应按产品成本核算过程逐步剔除挤占因素。但具体操作起来困难很大，计算麻烦，效率很低，不易推广。因此，在实际工作中一般较多地采用“按比例分摊法”。其计算步骤如下：

第一步：计算分摊率。

查出的错误额分摊率 = 查出的错误金额/（期末材料成本 + 期末在产品成本 + 期末产成品成本 + 本期销售产品成本）

说明：上式是一个基本计算公式，具体运用时，应根据错误发生的环节，相应选用某几个项目进行计算分摊，不涉及的项目则不参加分摊。一般说来应在出错环节或由出错以后的各环节进行分摊。如：在材料账户借方查出的问题，即多记或少记材料成本，要在上边公式中分母的四个项目之间分摊。在材料账户贷方查出的问题，即多转或少转成本的错误，应在公式中分母的后三个项目之间分摊。在“基本生产成本”账户借方查出的错误额，也须在上述三个项目之间分摊，在“生产成本”账户贷方，“产成品”账户借方查出的数额，只需要在期末产成品，本期销售产品成本之间分摊。

第二步：计算分摊额。

①期末材料应分摊的数额 = 期末材料成本 × 分摊率

②期末在产品成本应分摊的数额 = 期末在产品成本 × 分摊率

③期末产成品应分摊的数额 = 期末产成品成本 × 分摊率

④本期销售产品应分摊的数额 = 本期销售工厂成本 × 分摊率

第三步：调整有关账户。

将计算出的各环节应分摊的成本数额分别调整有关账户，使企业错误的账务处理改正过来。需要说明的是，在期末结账后，当期销售产品应分摊的错误数额，应直接调整利润数。

4. 错账的更正

（1）划线更正法。如果记账凭证无误，只是在登记账簿时出现抄写或计算错误，可以采用划线更正法更正。具体步骤是：

①在错误的文字或数字上划一条红线，表示注销，但必须使原有字迹仍可辨认；

②用蓝字将正确的文字或数字写在划线上方；

③记账人员在更正处签名或盖章，以明确责任。

（2）红字更正法。红字更正法又称红字冲销法，是在编制记账凭证时，发生金额、或科目或记账方向的错误，用此错误的记账凭证登记账簿而发生的记账错误，可以红字更正法更正。具体步骤是：

①编制一张与原错误凭证相同的红字金额凭证，并据以入账。

注：日期填写编制红字凭证实际日期；编号按当前凭证顺序编号；摘要注明“冲销×月×日×类×号错误凭证”。

②编制一张正确的蓝字凭证，并据以登账。

注：日期填写编制凭证实际日期；编号按当前凭证顺序编号；摘要注明“更正×月×日×类×号错误凭证”。

如果记账后发现所记金额大于应记金额，而会计科目和记账方向均正确，此时可编制一张与原错误凭证科目相同、金额为多记金额的红字凭证，并据以登记入账，以冲销原多记金额。

注：摘要注明“冲销×月×日×类×号凭证多记金额”。

（3）补充登记法。如果记账后发现记账凭证中科目正确，但所记金额小于应记金额，则可以运用补充登记法进行更正，具体步骤是：

编制一张与原错误凭证科目相同、金额为少记金额的蓝字凭证

注：摘要注明“补充×月×日×类×号凭证少记金额”。

三、会计账簿的交接

会计人员调动工作或者离职时，必须与接替人员办清交接手续。接替人员应当认真接管移交工作，并继续办理移交的未了事项。

1. 会计实操人员办理移交手续前，必须及时做好以下工作。

（1）已经受理的经济业务尚未填制会计凭证的；应当填制完毕。

（2）尚未登记的账目应当登记完毕，并在最后一笔余额后加盖经办人员印章。

（3）整理应该移交的各项资料，未了事项和遗留问题要写书面说明材料。

（4）编制移交清册，列明应当移交的会计凭证、会计账簿、会计报表、印章、现金、有价证券、支票簿、发票、文件、其他会计资料和物品等内容。实行会计电算化的单位，从事该项工作的移交人还应当在移交清册中列明会计软件及密码、会计软件数据磁盘（磁带等）及有关资料、实物等内容。

2. 会计人员办理交接手续时必须有监交人负责监交。一般会计人员办理交接手续，由会计机构负责人、会计主管人员负责监交；会计机构负责人、会计主管人员办理交接手续，由单位领导人负责监交，必要时主管单位可以派人会同监交。

3. 会计实操培训时强调移交人员在办理移交时，要按移交清册逐项移交，接替人员要逐项核对点收。

（1）现金、有价证券要根据会计账簿有关记录进行点交。库存现金、有价证券必须与会计账簿记录保持一致。不一致时，移交人员必须限期查清原因。

（2）会计凭证、会计账簿、会计报表和其他会计资料必须完整无缺，如有短缺，必须查清原因，并在移交清册中注明，由移交人员负责。

（3）银行存款账户余额要与银行对账单进行核对，如不一致，应当编制银行存款余额调节表，以调节相符；各种财产物资和债权债务的明细账户余额要与总账有关账户余额核对相符；必要时，要抽查个别账户的余额与实物是否相符，或者与往来单位、个人核对清楚。

（4）移交人员经管的票据、印章和其他实物等，必须交接清楚；移交人员从事会计电算化工作的，要对有关电子数据在实际操作状态下进行交接。

4. 会计机构负责人、会计主管人员移交时，还必须将全部财务会计工作、重大财务收支和会计人员的情况等向接替人员详细介绍。移交的遗留问题应写出书面材料注明。

5. 交接完毕后，交接双方和监交人员要在移交清册上签名或者盖章，并应在移交清册上注明：单位名称、交接日期、交接双方和监交人员的职务及姓名、移交清册页数以及需要说明的问题和意见等。移交清册一般应一式三份，交接双方各执一份，存档一份。

6. 接替人员应当继续使用移交的会计账簿，不得自行另立新账，以保持会计记录的连续性。

7. 除调动工作或离职外，会计实际操作人员在临时离职或其他原因暂时不能工作时也应办理会计工作交接：

（1）会计人员临时离职或因病不能工作，需要接替或代理的，会计机构负责人、会计主管人员或单位负责人必须指定专人接替或者代理，并办理会计工作交接手续。

（2）临时离职或因病不能工作的会计人员恢复工作时，应当与接替或代理人员办理交接手续。

（3）移交人员因病或其他特殊原因不能亲自办理移交手续的，经单位负责人批准，可由移交人委托他人代办交接，但委托人应当对所移交的会计凭证、会计账簿、财务会计报告和其他有关资料的真实性、完整性承担法律责任。

8. 在移交账簿时，还必须填写账簿扉页上的“账簿启用及交接表”中的“交接记录”，写明交接日期，交接人员须签名并盖章。

第四节 会计报表业务实训

一、会计报表的主要内容

编制会计报表的基本目的，是向会计报表的使用者提供企业有关财务状况、经营成果和现金流量方面的信息资料，这些信息资料是会计报表使用者进行投资决策的主要依据；而阅读会计报表则是包括投资者在内的有关各方取得企业财务状况信息、经营情况信息和现金流量信息的主要途径。因此，企业必须保证会计报表提供的信息能够及时、准确、完整地反映企业的财务状况和经营成果。会计报表的质量特性是指使财务报表提供的信息对会计报表使用者有用的那些性质，主要包括可理解性、相关性、可靠性和可比性。会计报表必须及时提供给使用者，并做到便于理解、真实可靠、相关可比和全面完整。因此，编制会计报表的基本要求就是便于理解、真实可靠、相关可比、全面完整和编报及时。

编制报表前，先进行账项调整、结账、账项核对等以保证账簿资料的真实性和准确性。

财务报表主要包括：资产负债表、利润表、现金流量表和所有者权益变动表。

1. 资产负债表：综合反映企业某一特定时期财务状况的报表，主要内容是列示资产、负债和所有者权益构成的时点情况，应按会计恒等式原理进行计算填列。报表左半部分按流动资产、长期资产的顺序排列，流动资产各项目按流动性从小到大排列；报表的右半部分按流动负债、长期负债和所有者权益的顺序排列。资产负债表中有关项目应根据有关账户的期初、期末余额填列。

2. 利润表：综合反映企业一定时期经营成果情况的报表，主要内容是列示各种收入与费用、成本相配比的结果，借以反映企业在一定时期实现的利润。其有关项目一般根据有关账户的发生额填列。

3. 现金流量表：以现金为基础编制的财务状况变动表。它是以现金的流入和流出反映企业在一定时期内的经营活动、投资活动和筹资活动的动态情况，反映企业现金流入和流出的全貌。

这里的现金是指企业库存现金、可以随时用于支付的存款以及现金等价物。

4. 所有者权益变动表：指反映构成所有者权益的各组成部分当期增减变动情况的报表。

所有者权益变动表解释在某一特定时间内，股东权益如何因企业经营的盈亏及现金股利的发放而发生的变化。

二、资产负债表的编制

（一）概念

资产负债表是反映企业在某一特定日期（月末、季末或年末）财务状况的财务报表。它是根据“资产 = 负债 + 所有者权益”这一会计等式，按照一定的编制要求编制而成的，资产负债表是企业财务报表体系中的主要报表。

从性质上讲，资产负债表是一个静态的财务报表，它是以相对静止的方式反映企业资产、负债和所有者权益的总量及构成。换言之，报表中反映的财务状况只是某一时点（编报日）上的状态，过了这一时点，企业的财务状况就会变化。

（二）格式和内容

资产负债表一般有表首、正表两部分。其中，表首概括地说明报表名称、编制单位、编制日期、报表编号、货币名称、计量单位等。正表是资产负债表的主体，列示了用以说明企业财务状况的各个项目。资产负债表正表的格式一般有两种：报告式资产负债表和账户式资产负债表。报告式资产负债表是上下结构，上半部列示资产，下半部列示负债和所有者权益。具体排列形式又有两种：一是按“资产 = 负债 + 所有者权益”的原理排列；二是按“资产 - 负债 = 所有者权益”的原理排列。账户式资产负债表是左右结构，左边列示资产，右边列示负债和所有者权益。不管采取什么格式，资产各项目的合计等于负债和所有者权益各项目的合计这一等式不变。

在我国，资产负债表采用账户式。每个项目又分为“期末余额”和“年初余额”两栏分别填列。采用企业会计准则的非金融企业的资产负债表格式如表 3 - 3 所示：

（三）项目分类与排列

因我国会计准则规定企业只能采用账户式资产负债表格式，因此下面关于资产负债表的所有介绍及举例均以账户式资产负债表为依据。

1. 资产项目的分类与排列。

原则：根据资产的流动性强弱顺序排列，流动性强者在前，流动性弱者在后。（所谓资产的流动性，是指资产的变现能力，即能否变现以及能否及时或不受约束地变现。）

（1）流动资产包括的项目依次排列为：货币资金、以公允价值计量且其变动计入当期损益的金融资产、应收票据、应收账款、预付款项、应收股利、应收利息、其他应收款、存货、一年内到期的非流动资产、被划分为持有待售的非流动资产及被划分为持有待售的处置组中的资产、其他流动资产。

（2）非流动资产包括的项目依次排列为：可供出售金融资产、持有至到期投资、长期应收款、长期股权投资、投资性房地产、固定资产、在建工程、工程物资、固定资产清理、生产性生物资产、油气资产、无形资产、开发支出、商誉、长期待摊费用、递延所得税资产、其他非流动资产。

2. 负债类项目的分类与排列。

原则：按照偿还期限顺序排列，偿还期短（1 年以内）者排在前面，偿还期长（1 年以上）者排在后面。

（1）流动负债包括的项目依次排列为：短期借款、以公允价值计量且变动计入当期损益的金融负债、应付票据、应付账款、预收款项、应付职工薪酬、应交税费、应付利息、应付股利、其他应付款、被划分为持有待售的处置组中的负债、一年内到期的非流动负债、其他流动负债。

（2）非流动负债包括的项目依次为：长期借款、应付债券、长期应付款、专项应付款、预计负债、递延所得税负债、其他非流动负债。

3. 所有者权益类项目的分类与排列

表 3－3 **资产负债表** 会企 01 表

编制单位： ____年____月____日 单位：元

资产	期末余额	年初余额	负债和所有者权益（或股东权益）	期末余额	年初余额
流动资产：			流动负债：		
货币资金			短期借款		
以公允价值计量且其变动计入当期损益的金融资产			以公允价值计量且其变动计入当期损益的金融负债		
应收票据			应付票据		
应收账款			应付账款		
预付款项			预收款项		
应收利息			应付职工薪酬		
应收股利			应交税费		
其他应收款			应付利息		
存货			应付股利		
一年内到期的非流动资产			其他应付款		
其他流动资产			一年内到期的非流动负债		
流动资产合计			其他流动负债		
非流动资产：			流动负债合计		
可供出售金融资产			非流动负债：		
持有至到期投资			长期借款		
长期应收款			应付债券		
长期股权投资			长期应付款		
投资性房地产			专项应付款		
固定资产			预计负债		
在建工程			递延收益		
工程物资			递延所得税负债		
固定资产清理			其他非流动负债		
生产性生物资产			非流动负债合计		
油气资产			负债合计		
无形资产			所有者权益（或股东权益）：		
开发支出			实收资本（或股本）		
商誉			资本公积		
长期待摊费用			减：库存股		
递延所得税资产			其他综合收益		
其他非流动资产			盈余公积		
非流动资产合计			未分配利润		
			所有者权益（或股东权益）合计		
资产总计			负债和所有者权益（或股东权益）总计		

原则：按照永久性程度（企业可使用情况）的高低顺序排列，永久性程度高者排在前面，永久性程度低者排在后面。

所有者权益类项目包括的项目依次为：实收资本（或股本）、资本公积、库存股、盈余公积、未分配利润。

（四）具体填列方法

1. 表中各项“年初余额”的填列。

资产负债表“年初余额”栏内各项数字，应根据上年末资产负债表“期末余额”栏内所列数字填列。如果本年度资产负债表规定的各个项目的名称和内容同上年度不相一致，应对上年末资产负债表各项目的名称和数字按照本年度的规定进行调整，填入表中“年初余额”栏内。

2. 表中各项目“期末余额”的填列。

资产负债表“期末余额”栏内各项数字，应根据会计账簿记录填列。其中，大多数项目可以直接根据账户余额填列，少数项目则要根据账户余额进行分析、计算后填列，具体填列方法有以下几种：

（1）直接根据总分类账户余额填列。资产负债表中大多项目的数字可以根据有关总分类账户的余额直接填列。有些报表项目与会计科目相同，如“应收票据”、“累计折旧”、“短期借款”、“其他应付款”、“实收资本”、“资本公积”、“盈余公积”等。

（2）根据若干个总分类账户的期末余额计算填列。例如“货币资金”项目应根据“库存现金”、“银行存款”、“其他货币资金”总分类账户期末余额合计数填列；“存货”项目应根据“在途物资”、“原材料”、“生产成本”、“周转材料”、“库存商品”等账户余额合计填列；“长期股权投资”项目应按照“长期股权投资”账户余额扣除“长期股权投资减值准备”账户余额后填列；“固定资产”项目应按照“固定资产”账户余额扣除“累计折旧”和“固定资产减值准备”账户余额后填列；“无形资产”项目应按照“无形资产”账户余额扣除“累计摊销”和“无形资产减值准备”账户余额后填列；由于企业在会计年度内一般采用“表结账不结”的结账方法，因此在会计年度内的各月末的资产负债表中的“未分配利润”项目应根据“本年利润”和“利润分配”账户的贷方余额合计填列，如果这两个账户合并后出现借方余额，则作为亏损，以负数填列。

3. 根据总分类账户所属明细分类账户余额分析、计算后填列。

资产负债表某些项目不能根据总分类账户的期末余额，或若干个总分类账户的期末余额计算填列，需要根据有关账户所属的相关明细账户的期末余额计算填列，如“应收账款”、“预付款项”、“应付账款”及“预收款项”等项目。

（1）“应收账款”项目应根据“应收账款”总分类账户所属的各明细账户的期末借方余额和“预收账款”总分类账户所属各明细分类账户的期末借方余额合计数，减去“坏账准备”科目中有关应收账款和预收账款计提坏账准备期末余额后的金额填列。即如果“应收账款”总分类账户所属的明细账户出现贷方余额应在“预收款项”项目中反映；如“预收账款”总分类账户所属的明细账户出现借方余额时，应合并填列在本项目内。

这两个账户反映的都是销售货款的结算情况，所以放在一起合并计算。

（2）“预付账款”项目应根据“预付账款”和“应付账款”总分类账户所属各明细分

类账户的期末借方余额合计填列，即如果“应付账款”账户所属的明细账户有借方余额也在本项目内合并反映。

这两个账户反映的都是购货环节的货款结算情况，所以放在一起计算。

(3)“应付账款”项目应根据“应付账款”和“预付账款”总分类账户所属各明细分类账户的期末贷方余额合计填列。如“应付账款”明细账户有借方余额应在“预付款项”项目内反映。

(4)“预收账款”项目应根据“预收账款”和“应收账款”总分类账户所属各明细分类映户的期末贷方余额合计填列。如“预收账款”明细账户有借方余额的应在“应收账款”项目内反映。

4. 根据总账账户和明细账户余额分析计算填列。

资产负债表上某些项目不能根据有关总账账户的期末余额直接填列或计算填列，也不可能根据有关账户所属相关明细账户的期末余额计算填列，需要根据总账账户和明细账户余额分析计算填列，如“长期借款”项目，要根据“长期借款”总账账户余额扣除“长期借款”账户所属的明细账户中反映的将在一年内到期的长期借款部分计算填列。

三、利润表的编制

(一) 概念

利润表又称收益表、损益表，它是用以反映企业在一定时期（如年度、季度、月份）内经营成果的报表。利润表是以“收入 费用 = 利润”的会计等式为依据编制的。

从性质上讲，利润表是一个动态的财务报表，它是将一个会计期间内的收入、收益与同一会计期间的成本、费用进行配比，求出该会计期间的净利润（亏损）。换言之，报表中反映的财务状况是某一时期企业生产经营的结果，是一个时期数（资产负债表反映的是时点数）。利润表的格式如表 3 – 4 所示。

(二) 各项目的主要内容

利润表作为一个反映企业经营成果的财务报表，必须包括影响某一会计期间的所有损益内容，既要包括来自生产经营方面已实现的各项收入、已耗费的需要在本期配比的各项成本、费用，也要包括本期发生的投资收益（或损失）和各项营业外收支。利润表的格式有多步式和单步式两种。

1. 多步式利润表。

多步式的利润表是按照企业利润的构成内容分层次分步骤地、逐步逐项计算编制而成的报表，它根据经营活动与非经营活动对企业利润的贡献情况排列编制。根据会计准则的规定，我国企业的利润表采用多步式，其步骤如下：

(1) 营业利润 = 营业收入 – 营业成本 – 营业税金及附加 – 销售费用 – 管理费用 – 财务费用 – 资产减值损失 + 公允价值变动收益 + 投资收益

(2) 利润总额 = 营业利润 + 营业外收入 – 营业外支出

(3) 净利润 = 利润总额 – 所得税费用

其中：营业收入 = 主营业务收入 + 其他业务收入

营业成本 = 主营业务成本 + 其他业务成本

表 3-4　**利　润　表**　会企 02 表

编制单位：　____年____月　单位：元

项　　目	本期金额	上期金额
一、营业收入		
减：营业成本		
营业税金及附加		
销售费用		
管理费用		
财务费用		
资产减值损失		
加：公允价值变动收益（损失以“-”号填列）		
投资收益（损失以“-”号填列）		
其中：对联营企业和合营企业的投资收益		
二、营业利润（亏损以“-”号填列）		
加：营业外收入		
其中：非流动资产处置利得		
减：营业外支出		
其中：非流动资产处置损失		
三、利润总额（亏损总额以“-”号填列）		
减：所得税费用		
四、净利润（净亏损以“-”号填列）		
五、其他综合收益的税后净额		
（一）以后不能重分类进损益的其他综合收益		
1. 重新计量设定受益计划净负债或净资产的变动		
2. 权益法下在被投资单位不能重分类进损益的其他综合收益中享有的份额		
……		
（二）以后将重分类进损益的其他综合收益		
1. 权益法下在被投资单位以后将重分类进损益的其他综合收益中享有的份额		
2. 可供出售金融资产公允价值变动损益		
3. 持有至到期投资重分类为可供出售金融资产损益		
4. 现金流量套期损益的有效部分		
5. 外币财务报表折算差额		
……		
六、综合收益总额		
七、每股收益：		
（一）基本每股收益		
（二）稀释每股收益		

编制利润表时需要注意的是，上表是一张按月编制的利润表的格式，在编制年利润表时，将该表中的“本月金额”改为“本年金额”；将该表中的“本年累计金额”改为“上年金额”即可。

2. 单步式利润表。

单步式利润表不按企业利润的构成内容逐步计算，而是将本期所有收入加在一起，然后再将所有费用加在一起，两者相减通过一次计算得出当期损益。

（三）利润表的编制方法

编制利润表主要是把企业在某一经营期间的收入、费用和成本以及由此所配比计算出的盈亏情况报告给信息使用者，所以利润表是一种动态性的报表，它反映的是编报主体在某一期间的经营成果。只有账户的发生额才能反映一定期间的变化情况，因此利润表的编制是以账户的发生额为依据编制的。但不是所有账户的发生额都与利润有关，只有损益类账户（即收入类和费用类账户）所登记的内容，才能计算出本期的利润。所以利润表根据损益类账户的本期发生额编制。

1. 本月金额的填列方法。

（1）“营业收入”项目应根据“主营业务收入”和“其他业务收入”账户的本月发生额合计填列。

（2）“营业成本”项目应根据“主营业务成本”和“其他业务成本”账户的本月发生额合计填列。

（3）“营业税金及附加”、“销售费用”、“管理费用”、“财务费用”、“资产减值损失”、“营业外支出”、“营业外收入”和“所得税费用”项目应根据各自总分类账户的发生额填列。

（4）“公允价值变动损益”项目应根据“公允价值变动损益”账户的本期发生额分析填列，如果为公允价值变动损失，则以“-”填列。

（5）“投资收益”项目应根据“投资收益”账户的本期发生额分析填列，如果为投资损失，则以“-”填列。

（6）“对联营企业和合营企业的投资收益”项目反映对联营企业和合营企业投资所取得投资收益，本项目应根据“投资收益”账户所属的明细分类账户的本期发生额分析填列，如果为投资损失，则以“-”填列。

（7）“非流动资产处置损失”项目反映企业发生的非流动资产处置损失。本项目应根据“营业外支出”账户所属的明细分类账户的本期发生额分析填列。

（8）“基本每股收益”和“稀释每股收益”项目是按不同依据计算的每股收益，反映企业的获利能力。基础会计中不要求掌握这两个指标的计算。

（9）报表中的其他项目，包括“营业利润”、“利润总额”和“净利润”项目，按照一定的公式计算后填列。

2. 本年累计金额的填列方法。

本年累计金额反映各项目自年初起至本月末止的累计实际发生数，其金额等于截止到上月末的累计金额与本月金额之和。

3. 上年金额的填列方法

在编制年度报表时，应将表中的“本年累计金额”改为“上年金额”，填列上年全年累计实际发生数。如果上年度利润表的项目名称和内容与本年度利润表不相一致，应对上年度报表项目的名称和数字按本年度的规定进行调整，填入本表“上年金额”栏。

四、现金流量表的编制

（一）概念

现金流量表是反应一定时期内（如月度、季度或年度）企业经营活动、投资活动和筹资活动对其现金及现金等价物所产生影响的财务报表。现金流量表是原先财务状况变动表或者资金流动状况表的替代物。它详细描述了由公司的经营、投资与筹资活动所产生的现金流。一般企业的现金流量表和现金流量表补充资料的格式如表 3 -5、表 3 -6 所示。

（二）各项目的内容及填列

1. 经营活动产生的现金流量。

（1）“销售商品、提供劳务收到的现金”项目，反映企业销售商品、提供劳务实际收到的现金（含销售收入和向购买者收取的增值税额)，包括本期销售的商品、提供劳务收到的现金，以及前期销售和前期提供劳务本期收到的现金和本期预收的账款，减去本期退回本期销售的商品和前期销售本期退回的商品支付的现金。企业销售材料和代购代销业务收到的现金，也在本项目反映。本项目根据“库存现金”、“银行存款”、“应收账款”、“主营业务收入”、“其他业务收入”等账户的记录分析填列。

（2）“收到的税费返还”项目，反映企业收到的返还税费，如收到的增值税、所得税返还等。本项目根据“库存现金”、“银行存款”、“营业税金及附加”等账户的记录分析填列。

（3）“收到的其他与经营活动有关的现金”项目，反映企业除了上述各项目外，收到的其他与经营活动有关的现金流入，如罚款收入、流动资产损失中由个人赔偿的现金收入等。本项目根据“库存现金”、“银行存款”、“营业外收入”等账户的记录填列。

（4）“购买商品、接受劳务支付的现金”项目，反映企业购买材料、商品、接受劳务实际支付的现金。包括本期购入材料、商品、接受劳务支付的现金（包括增值税进项税额)，以及本期偿付前期购入商品、接受劳务的应付款项和本期预付款项。本期发生的购货退出收到的现金应从本项目内减去。本项目根据“库存现金”、“银行存款”、“应付账款”、“应付票据”、“主营业务成本”等账户的记录分析填列。

（5）“支付给职工以及为职工支付的现金”项目，反映企业实际支付给职工以及为职工支付的现金，包括本期实际支付给职工的工资、奖金、各种津贴、补贴等。企业支付给离退休人员的各项费用，包括支付的统筹退休金以及未参加统筹的退休人员的费用，在“支付的其他与经营活动有关的现金”项目中反映；企业支付给在建工程人员工资，在“购建固定资产、无形资产和其他长期资产所支付的现金”项目反映。本项目根据“应付职工薪酬”、“库存现金”、“银行存款”等账户的记录填列。

（6）“支付的各项税费”项目，反映企业按规定支付的各种税费，包括本期发生并支付的税费，以及本期支付以前各期发生的税费和预交的税金等。本项目可以根据“库存现金”、“银行存款”、“应交税费”等账户的记录分析填列。

表 3-5 **现金流量表** 会企 03 表

编制单位： 年度 单位：元

项　　目	本期金额	上期金额（略）
一、经营活动产生的现金流量：		
销售商品、提供劳务收到的现金		
收到的税费返还		
收到其他与经营活动有关的现金		
经营活动现金流入小计		
购买商品、接受劳务支付的现金		
支付给职工以及为职工支付的现金		
支付的各项税费		
支付其他与经营活动有关的现金		
经营活动现金流出小计		
经营活动产生的现金流量净额		
二、投资活动产生的现金流量：		
收回投资收到的现金		
取得投资收益收到的现金		
处置固定资产、无形资产和其他长期资产收回的现金净额		
处置子公司及其他营业单位收到的现金净额		
收到其他与投资活动有关的现金		
投资活动现金流入小计		
购建固定资产、无形资产和其他长期资产支付的现金		
投资支付的现金		
取得子公司及其他营业单位支付的现金净额		
支付其他与投资活动有关的现金		
投资活动现金流出小计		
投资活动产生的现金流量净额		
三、筹资活动产生的现金流量：		
吸收投资收到的现金		
取得借款收到的现金		
收到其他与筹资活动有关的现金		
筹资活动现金流入小计		
偿还债务支付的现金		
分配股利、利润或偿付利息支付的现金		
支付其他与筹资活动有关的现金		
筹资活动现金流出小计		
筹资活动产生的现金流量净额		
四、汇率变动对现金及现金等价物的影响		
五、现金及现金等价物净增加额		
加：期初现金及现金等价物余额		
六、期末现金及现金等价物余额		

表 3-6　　现金流量表补充资料

补充资料	本期金额	上期金额（略）
1. 将净利润调节为经营活动现金流量：		
净利润		
加：资产减值准备		
固定资产折旧、油气资产折耗、生产性生物资产折旧		
无形资产摊销		
长期待摊费用摊销		
处置固定资产、无形资产和其他长期资产的损失（收益以“-”号填列）		
固定资产报废损失（收益以“-”号填列）		
公允价值变动损失（收益以“-”号填列）		
财务费用（收益以“-”号填列）		
投资损失（收益以“-”号填列）		
递延所得税资产减少（增加以“-”号填列）		
递延所得税负债增加（减少以“-”号填列）		
存货的减少（增加以“-”号填列）		
经营性应收项目的减少（增加以“-”号填列）		
经营性应付项目的增加（减少以“-”号填列）		
其他		
经营活动产生的现金流量净额		
2. 不涉及现金收支的重大投资和筹资活动：		
债务转为资本		
一年内到期的可转换公司债券		
融资租入固定资产		
3. 现金及现金等价物净变动情况：		
现金的期末余额		
减：现金的期初余额		
加：现金等价物的期末余额		
减：现金等价物的期初余额		
现金及现金等价物净增加额		

（7）“支付的其他与经营活动有关的现金”项目，反映企业支付的其他与经营活动有关的现金支出，如罚款支出、支付的差旅费、业务招待费的现金支出、支付的保险费等。本项目根据“库存现金”、“银行存款”、“管理费用”“销售费用”、“营业外收入”等有关账户的记录分析填列。

2. 投资活动产生的现金流量

（1）“收回投资所收到的现金”项目，反映企业出售、转让或到期收回除现金等价物以外的投资而收到的现金。本项目根据“交易性金融资产”、“长期股权投资”“持有至到期投资”、“库存现金”、“银行存款”等账户的记录分析填列。

（2）“取得投资收益所收到的现金”项目，反映企业因股权性投资和债权性投资而取得的现金股利、利息，以及从子公司、联营企业和合营企业分回利润收到的现金。不包括股票股利。本项目根据“库存现金”、“银行存款”、“投资收益”、“交易性金融资产”、“长期股权投资”、“持有至到期投资”等账户的记录分析填列。

（3）“处置固定资产、无形资产和其他长期资产所收回的现金净额”项目，反映企业处置固定资产、无形资产和其他长期资产所收到的现金，减去为处置这些资产而支付的有关费用后的净额。由于自然灾害所造成的固定资产等长期资产损失而收到的保险赔偿收入，也在本项目反映。本项目根据“库存现金”、“银行存款”、“固定资产清理”等账户的记录分析填列。

（4）“收到的其他与投资活动有关的现金”项目，反映企业除了上述各项以外，收到的其他与投资活动有关的现金流入。其他现金流入价值较大时，应单列项目反映。本项目根据“库存现金”、“银行存款”等账户的记录分析填列。

（5）“购建固定资产、无形资产和其他长期资产所支付的现金”项目，反映企业处置固定资产、无形资产和其他长期资产所支付的现金，不包括为购建固定资产而发生的借款利息和融资租入固定资产支付的租赁费。本项目根据“库存现金”、“银行存款”、“在建工程”、“无形资产”、“固定资产”等账户的记录分析填列。

（6）“投资所支付的现金”项目，反映企业进行权益性投资和债权性投资支付的现金，包括企业取得的除现金等价物以外的股票投资和债券投资等支付的现金等。本项目根据“库存现金”、“银行存款”、“交易性金融资产”“长期股权投资”、“持有至到期投资”等账户的记录分析填列。

（7）“支付的其他与投资活动有关的现金”项目，反映企业除了上述各项以外，支付的其他与投资活动有关的现金流出。其他流出如价值较大的，应单列项目反映。本项目可以根据有关账户的记录分析填列。

3. 筹资活动产生的现金流量

（1）“吸收投资所收到的现金”项目，反映企业收到的投资者投入现金，包括以发行股票、债券等方式筹集的资金实际收到的净额。以发行股票、债券等方式筹集资金而由企业直接支付的审计、咨询等费用，在“支付的其他与筹资活动有关的现金”项目反映，不从本项目内减去。本项目根据“实收资本（股本）”、“库存现金”、“银行存款”等账户的记录分析填列。

（2）“借款所收到的现金”项目，反映企业举借各种短期、长期借款所收到的现金。本项目根据“短期借款”、“长期借款”“库存现金”、“银行存款”等账户的记录分析填列。

（3）“收到的其他与筹资活动有关的现金”项目，反映企业收到的其他与筹资活动有关的现金流入，如接受现金捐赠等。本项目根据“资本公积”、“库存现金”、“银行存款”等账户的记录分析填列。

（4）“偿还债务所支付的现金”项目，反映企业以现金偿还债务的本金，包括偿还金融企业的借款本金、偿还债券本金等。企业偿还的借款利息、债券利息，在“分配股利、利润或偿付利息所支付的现金”项目反映，不包括在本项目内。本项目根据“短期借款”、“长期借款”、“库存现金”、“银行存款”等账户的记录分析填列。

（5）“分配股利、利润或偿付利息所支付的现金”项目，反映企业实际支付给投资人的利润以及支付的借款利息、债券利息等。本项目根据“应付股利”、“财务费用”、“长期借款”、“库存现金”、“银行存款”等账户的记录分析填列。

（6）“支付的其他与筹资活动有关的现金”项目，反映企业支付的其他与筹资活动有关的现金流出，如融资租入固定资产支付的租赁费等。本项目根据有关账户的记录分析填列。

（7）“汇率变动对现金的影响”项目，反映企业外币现金流量及境外子公司的现金流量折算为人民币时，所采用的现金流量发生日的汇率或平均汇率折算的人民币金额与“现金及现金等到价物净增加额”中外币现金净增加按期末汇率折算的人民币金额之间的差额。

五、所有者权益变动表的编制

（一）概念

所有者权益变动表（又称：股东权益变动表）是反映构成所有者权益的各组成部分当期的增减变动情况的报表，它解释在某一特定时间内，股东权益如何因企业经营的盈亏及现金股利的发放而发生的变化，也是说明管理阶层是否公平对待股东的最重要的信息。

（二）所有者权益变动表的内容

所有者权益变动表应当全面反映一定时期内所有者权益变动的情况，不仅包括所有者权益总量的增减变动，还包括所有者权益增减变动的重要结构性信息，特别是要反映直接计入所有者权益的利得和损失，让报表使用者准确理解所有者权益增减变动的根源。

所有者权益变动表至少应当单独列示反映下列信息的项目：

1. 净利润；
2. 直接计入所有者权益的利得和损失项目及其总额；
3. 会计政策变更和差错更正的累积影响金额；
4. 所有者投入资本和向所有者分配利润等；
5. 按照规定提取的盈余公积；
6. 实收资本（或股本）、资本公积、盈余公积、未分配利润的期初和期末余额及其调节情况。

（三）所有者权益变动表的结构

为了清楚地表明构成所有者权益的各组成部分当期的增减变动情况，所有者权益变动表以矩阵的形式列示（见表3-7）：一方面，列示了导致所有者权益变动的交易或事项，改变了以往仅仅按照所有者权益的各组成部分反映所有者权益变动情况，从所有者权益变动的来源对一定时期所有者权益变动情况进行全面反映；另一方面，按照所有者权益各组成部分（包括实收资本、资本公积、盈余公积、未分配利润和库存股）及其总额列示了交易或事项对所有者权益的影响。此外，企业还需要提供比较所有者权益变动表，所有者权益变动表还就各项目再分为“本年金额”和“上年金额”两栏分别填列。

表 3－7

所有者权益变动表

编制单位： ________年度 单位：元

项目	本年金额							上年金额						
	实收资本（或股本）	资本公积	减：库存股	其他综合收益	盈余公积	未分配利润	所有者权益合计	实收资本（或股本）	资本公积	减：库存股	其他综合收益	盈余公积	未分配利润	所有者权益合计
一、上年年末余额														
加：会计政策变更														
前期差错更正														
二、本年年初余额														
三、本年增减变动金额（减少以“－”号填列）														
（一）综合收益总额														
（二）所有者投入和减少资本														
1. 所有者投入资本														
2. 股份支付计入所有者权益的金额														
3. 其他														
（三）利润分配														
1. 提取盈余公积														
2. 对所有者（或股东）的分配														
3. 其他														
（四）所有者权益内部结转														
1. 资本公积转增资本（或股本）														
2. 盈余公积转增资本（或股本）														
3. 盈余公积弥补亏损														
4. 其他														
四、本年年末余额														

（四）所有者权益变动表的填列方法

1. “上年年末余额”，反映上年资产负债表中实收资本（或股本）、资本公积、库存股、盈余公积、未分配利润的年末余额。

2. “会计政策变更”、“前期差错更正”，分别反映采用追溯调整法处理的会计政策变更的累积影响金额和采用追溯重述法处理的会计差错更正的累积影响金额。

3. “本年增减变动额”。

（1）“净利润”，反映企业当年实现的净利润（或净亏损）金额。

（2）“直接计入所有者权益的利得和损失”，反映企业当年直接计入所有者权益的利得和损失金额。

①“可供出售金融资产公允价值变动净额”，反映企业持有的可供出售金融资产当年公允价值变动的金额。

②“权益法下被投资单位其他所有者权益变动的影响”，反映企业对按照权益法核算的长期股权投资，在被投资单位除当年实现的净损益以外其他所有者权益当年变动中应享有的份额。

③“与计入所有者权益项目相关的所得税影响”，反映企业根据《企业会计准则第18号——所得税》规定应计入所有者权益项目的当年所得税影响金额。

（3）“所有者投入和减少资本”，反映企业当年所有者投入的资本和减少的资本。

①“所有者投入资本”，反映企业接受投资者投入形成的实收资本（或股本）和资本溢价或股本溢价。

②“股份支付计入所有者权益的金额”，反映企业处于等待期中的权益结算的股份支付当年计入资本公积的金额。

（4）“利润分配”，反映企业当年的利润分配金额。

①“提取盈余公积”，反映企业按照规定提取的盈余公积。

②“对所有者（或股东）的分配”，反映对所有者（或股东）分配的利润（或股利）金额。

（5）“所有者权益内部结转”，反映企业构成所有者权益的组成部分之间的增减变动情况。

①“资本公积转增资本（或股本）”，反映企业以资本公积转增资本或股本的金额。

②“盈余公积转增资本（或股本）”，反映企业以盈余公积转增资本或股本的金额。

③“盈余公积弥补亏损”，反映企业以盈余公积弥补亏损的金额。

第四章

综合实训

综合实训部分教材素材的使用提示：实训者在具备《基础会计学》、《成本会计学》和《税法》必要知识的基础上，首先应详读本章第一节“模拟企业的相关信息”和第二节“企业的相关会计政策和会计方法”，领会该模拟企业的相关背景信息和该企业进行账务处理的相关会计政策。然后，利用本章第三节“企业账表的期初资料”中提供的该企业 2014 年 12 月相关报表科目的期初余额，以及本章第四节“综合实训经济业务内容”中提供的 56 笔经济业务，逐笔进行该公司2014 年 12 月的账务处理——先逐笔业务编写会计分录（分录的参考答案见附录 1），然后利用本章第五节“实训所需用的相关凭证、账表”中提供的实训素材，参照本书第二章第四节“财务会计报告的编制程序”中的步骤，依次进行相关账务处理，至最后形成该企业 2014 年 12 月末的报表。所涉各明细科目的期末余额可参见附录 2。

第一节

模拟企业的相关信息

本章所著企业情况均为模拟实景，且只作教学用途。相关名称如有雷同，纯属巧合。

一、企业的基本情况

企业名称：江苏常州华宇数字设备有限责任公司

地址：江苏省常州市新北区龙腾路 128 号

联系电话：0519 – 82368888

法定代表人：马天腾

会计主管：刘坤乾；记账：胡宁宁；出纳：张佳仪；复核：赵城炎；制单：实训者

注册资金：人民币捌仟万元整

企业类型：有限责任公司

经营范围：生产与销售台式电脑、笔记本电脑、主板、硬盘、显示器

企业有自营出口权，但目前为止产品主要销往中国大陆市场，仅有少量外销

纳税登记号：320405198236

企业代码证编号：5198635789
开户银行1：中国银行常州延陵路支行（基本户）
账号：2189－05187778
开户银行2：中国建设银行常州新北区支行（一般户）
账号：6352－197511109

二、企业内部的基本组织架构

公司内部基本组织架构如下：

1. 公司实行董事长领导下的总经理负责制。总经理对董事长负责，各分管副总经理分管各有关部门，并对总经理负责。

2. 公司管理层分设8个部门，即制造部、质检部、研发部、市场部、资管部、财务部、人事部、行政部。其中制造部下设五个车间分别是主板车间、硬盘车间、显示器车间、装配车间和机修车间；市场部下设销售组、采购组和储运组；资管部下设原材料仓库、半成品仓库、成品仓库以及固定资产管理组。公司的基本组织架构如图4－1所示：

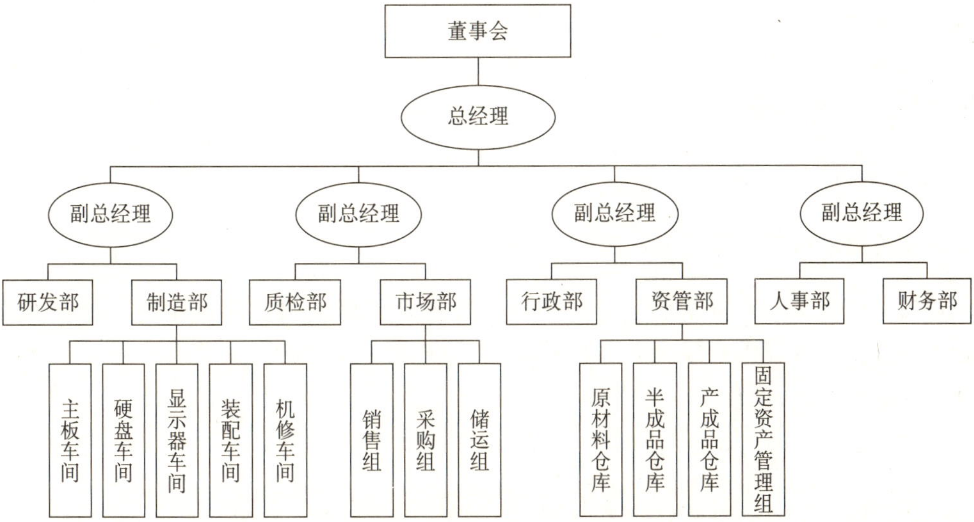

图4－1　公司的基本组织架构图

三、企业的生产工艺流程

1. 企业的主板车间、硬盘车间、显示器车间分别从原材料仓库领用各种原材料、外协件进行加工生产，产出各种的半成品（主板、硬盘、显示器）后交付半成品仓库进行保管。

2. 装配车间从原材料库领用原材料、从半成品仓库领用半成品组织生产，根据客户需要，组装出台式电脑和笔记本电脑，经质检部检验合格后交付成品仓库进行保管。

3. 机修车间主要负责对各基本生产车间的仪器设备进行维修、保养等工作。

公司的生产工艺流程图如图4－2所示。

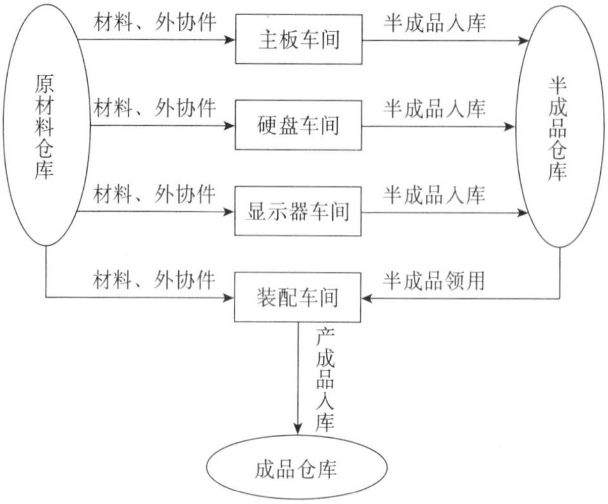

图 4－2 公司的生产工艺流程图

第二节 企业的相关会计政策及会计方法

一、备用金的管理制度

公司的备用金采取“限额管理”的方式。核定财务部备用金的留库限额每日不超过 2 万元，超额部分即时解缴银行；留库限额低于 5 000 元时经财务部负责人批准可开具现金支票从基本户领取现金备用。

二、差旅费的报销制度

公司员工因公出差前需办好出差审批手续，凭有权签字人签字的“出差审批表”可至财务部暂借相应额度之内的现金。出差人员回公司后一周内须凭有权签字人签字的“差旅费报销单”和相应发票至财务部按公司“差旅费报销管理规定”的要求核报车费、住宿费、误餐补助等开支并冲转预借现金。

三、对外投资的核算政策

公司按“企业会计制度”和“企业会计准则”的相关规定核算其对外的股权投资和债权投资。公司未介入期货、期权等衍生品交易，也未介入石油、黄金等商品交易。

四、外币业务的核算政策

由于公司目前产品主要销往中国大陆，因此外币结算业务不多。实际发生外币业务时按即时汇率（当日中国银行外汇收牌中间价）进行折算入账；财务会计报表采用单一币种

(人民币）进行列示。

五、固定资产的折旧政策

公司固定资产的折旧核算采用年限平均法。固定资产的预计可使用年限、净残值等参照会计制度和准则的相关规定。

六、无形资产的摊销政策

公司的无形资产的摊销采用直线法。

七、应收账款的管理政策

公司对应收账款进行地区细分后采用“销售员责任制”进行管理。3 年以上的应收账款经总经理办公会会议讨论并审批后可以作核销处理。

八、各种准备的计提政策

1. 坏账准备。年末按“账龄分析法”进行计提。

2. 存货跌价准备。年末按原材料、半成品、产成品大类，根据账面价值与可变现净值孰低计提。

3. 固定资产减值准备、长期投资减值准备、无形资产减值准备。年末均根据其账面价值与可变现净值孰低分单项计提。

九、成本核算的主要政策

1. 主板、硬盘、显示器作为半成品入库时的成本采用分批法结转，中宇天腾台式电脑、中宇酷腾笔记本电脑入产成品库时的成本采用分步法结转（逐步结转分步法的综合结转）。

2. 从原材料库领发原材料和外协件、从半成品库领发主板、硬盘和显示器均采用先进先出法核算。

3. 产成品销售结转主营业务成本时采用先进先出法进行结转。

4. 辅助生产成本采用直接分配法按生产工时分配给各受益对象。

5. 装配车间的制造费用不进行二次分配，只进行结转。

十、工资、个税及五险一金的计提政策

公司员工的工资根据公司的工资发放政策结合上月实际考勤情况造表后于下月 15 日之前发放。工资采取月薪制计时工资。养老保险金、医疗保险金、失业保险金、女职工生育保险、住房公积金的个人缴费比例和单位缴费比例按表 4 - 1 执行。

公司按国家税法有关规定代扣代缴个人所得税，工资所得税前可扣减部分为 3 500 元。

十一、各项税金及附加费的计提标准

1. 增值税税率：企业为一般纳税人，适用税率为 17% 。

2. 城市维护建设税税率：7% 。

3. 教育费附加征收率：3% 。

表 4－1

项目	个人缴费比例	单位缴费比例
养老保险	8%	20%
医疗保险	2%	9%
失业保险	0.50%	1.50%
女职工生育保险	0	0.80%
住房公积金	8%	8%

4. 企业所得税税率：公司注册于常州市新北开发区（国家级高新技术园区），且公司是国家级高新技术企业，适用企业所得税税率为15%。

该企业所得税的计缴政策：当年应交所得税额按上年汇算清缴后应纳税所得额的15%实行分季预缴，在第二年的4月底之前实行前一年的企业所得税汇算清缴，少缴部分于第二年6月底之前补缴，多缴部分不退，留抵下年应交所得税。

5. 个人所得税税率：适用7级超额累进税率代扣代缴，起征点为3 500元。

十二、盈余公积的计提和利润分配政策

1. 按当期税后利润的10%、5%分别提取法定盈余公积和任意盈余公积。

2. 利润分配政策：按股东大会批准的利润分配方式向股东进行利润分配。

第三节 企业账表的期初资料

一、该企业2014年12月月初报表科目余额（见表4－2）

表 4－2

单位：元

序号	报表科目	报表期初余额	序号	报表科目	报表期初余额
1	货币资金	8 006 000.00	11	短期借款	1 965 665.00
2	应收票据	3 500 000.00	12	应付票据	3 000 000.00
3	应收账款	840 020.00	13	应付账款	1 000 000.00
4	其他应收款	0.00	14	应付职工薪酬	915 500.00
5	存货	30 000 000.00	15	应交税费	1 220 000.00
6	长期股权投资	4 990 000.00	16	长期借款	7 524 855.00
7	固定资产	50 540 400.00	17	实收资本	80 000 000.00
8	在建工程	2 799 600.00	18	资本公积	1 900 000.00
9	工程物资	250 000.00	19	盈余公积	3 600 000.00
10	无形资产	1 000 000.00	20	未分配利润	800 000.00
	资产合计	101 926 020.00		负债＋所有者权益	101 926 020.00

二、该企业2014年12月月初明细账账户余额（见表4－3）

表4－3 单位：元

<table>
<tr><th rowspan="2">序号</th><th rowspan="2">一级科目</th><th rowspan="2">一级科目余额</th><th rowspan="2">二级科目</th><th rowspan="2">三级科目</th><th>借方</th><th>贷方</th></tr>
<tr><th>期初余额</th><th>期初余额</th></tr>
<tr><td>1</td><td>库存现金</td><td>5 000.00</td><td></td><td></td><td>5 000.00</td><td></td></tr>
<tr><td rowspan="2">2</td><td rowspan="2">银行存款</td><td rowspan="2">4 401 000.00</td><td>中行常州延陵路支行</td><td></td><td>2 950 000.00</td><td></td></tr>
<tr><td>建行常州新北区支行</td><td></td><td>1 451 000.00</td><td></td></tr>
<tr><td rowspan="2">3</td><td rowspan="2">其他货币资金</td><td rowspan="2">3 600 000.00</td><td>存出投资款</td><td>国泰君安证券</td><td>3 000 000.00</td><td></td></tr>
<tr><td>外埠存款</td><td>招行广州市城建路分理处</td><td>600 000.00</td><td></td></tr>
<tr><td rowspan="2">4</td><td rowspan="2">应收票据</td><td rowspan="2">3 500 000.00</td><td rowspan="2">银行承兑汇票</td><td>银川丝路飞天电脑城</td><td>500 000.00</td><td></td></tr>
<tr><td>常州黑牡丹毛纺集团</td><td>3 000 000.00</td><td></td></tr>
<tr><td rowspan="4">5</td><td rowspan="4">应收账款</td><td rowspan="4">870 020.00</td><td>苏宁百货</td><td></td><td>500 000.00</td><td></td></tr>
<tr><td>哈尔滨数字设备交易中心</td><td></td><td>200 000.00</td><td></td></tr>
<tr><td>西安鑫博电脑广场</td><td></td><td>140 020.00</td><td></td></tr>
<tr><td>北京昌平京城现代电脑销售公司</td><td></td><td>30 000.00</td><td></td></tr>
<tr><td>6</td><td>坏账准备</td><td>－30 000.00</td><td></td><td></td><td></td><td>30 000.00</td></tr>
<tr><td rowspan="2">7</td><td rowspan="2">周转材料</td><td rowspan="2">987 500.00</td><td>工作服</td><td></td><td>187 500.00</td><td></td></tr>
<tr><td>包装物</td><td></td><td>800 000.00</td><td></td></tr>
<tr><td rowspan="6">8</td><td rowspan="6">原材料</td><td rowspan="6">5 108 950.00</td><td>GE材料</td><td></td><td>33 000.00</td><td></td></tr>
<tr><td>PCB板</td><td></td><td>108 000.00</td><td></td></tr>
<tr><td>金属薄膜</td><td></td><td>3 700.00</td><td></td></tr>
<tr><td>天然橡胶</td><td></td><td>5 000.00</td><td></td></tr>
<tr><td>合成橡胶</td><td></td><td>5 250.00</td><td></td></tr>
<tr><td>其他原材料加总*</td><td></td><td>4 954 000.00</td><td></td></tr>
<tr><td rowspan="3">9</td><td rowspan="3">自制半成品</td><td rowspan="3">4 620 000.00</td><td>主板</td><td></td><td>1 500 000.00</td><td></td></tr>
<tr><td>硬盘</td><td></td><td>1 420 000.00</td><td></td></tr>
<tr><td>显示器</td><td></td><td>1 700 000.00</td><td></td></tr>
<tr><td rowspan="5">10</td><td rowspan="5">生产成本</td><td rowspan="5">10 100 000.00</td><td rowspan="4">基本生产成本</td><td>主板车间</td><td>1 000 000.00</td><td></td></tr>
<tr><td>硬盘车间</td><td>2 000 000.00</td><td></td></tr>
<tr><td>显示器车间</td><td>3 000 000.00</td><td></td></tr>
<tr><td>装配车间</td><td>4 000 000.00</td><td></td></tr>
<tr><td>辅助生产成本</td><td>机修车间</td><td>100 000.00</td><td></td></tr>
</table>

* 注：一个真实的计算机生产企业，其所需的原材料远远会超过千种。本教材为了示例方便，仅例示了几种原材料以便演示帐务处理，此外另附加一个“其他原材料加总”的明细科目以囊括余下的近千种原材料。

续表

序号	一级科目	一级科目余额	二级科目	三级科目	借方	贷方
					期初余额	期初余额
11	库存商品	9 183 550.00	中宇天腾台式电脑		4 200 000.00	
			中宇酷腾笔记本电脑		4 983 550.00	
12	长期股权投资	4 990 000.00	茅台酒		3 000 000.00	
			复星医药		1 000 000.00	
			深圳航空		990 000.00	
13	固定资产原值	52 540 400.00	主板车间		11 500 000.00	
			硬盘车间		9 500 000.00	
			显示器车间		12 500 000.00	
			装配车间		8 500 000.00	
			机修车间		1 000 000.00	
			管理部门		5 000 000.00	
			销售部		3 040 400.00	
			仓库		1 500 000.00	
14	累计折旧	-2 000 000.00				2 000 000.00
15	在建工程	2 799 600.00	主板流水线		2 799 600.00	
16	工程物资	250 000.00	预制件		100 000.00	
			钢筋		150 000.00	
17	无形资产	1 200 000.00	商标权		1 200 000.00	
18	累计摊销	-200 000.00				200 000.00
	资产合计	101 926 020.00			104 156 020.00	2 230 000.00
19	短期借款	1 965 665.00	中行三个月短期借款			1 000 000.00
			建行九个月短期借款			965 665.00
20	应付票据	3 000 000.00	建行六个月银票			1 200 000.00
			中行六个月银票			1 800 000.00
21	应付账款	1 000 000.00	海南橡胶集团			200 000.00
			深圳高能分子材料厂			800 000.00
22	应付职工薪酬	915 500.00	工资			915 500.00
23	应交税费	1 220 000.00	应交增值税	应交未交税额		987 500.00
			应交城市维护建设税			119 000.00
			应交教育费附加			51 000.00
			应交企业所得税			62 500.00
24	长期借款	7 524 855.00	中行 1 年期借款			7 524 855.00
25	实收资本	80 000 000.00	台湾厚德资本			35 000 000.00
			江苏江阴天行健集团			45 000 000.00

续表

序号	一级科目	一级科目余额	二级科目	三级科目	借方	贷方
					期初余额	期初余额
26	资本公积	1 900 000.00	其他资本公积			1 900 000.00
27	盈余公积	3 600 000.00	法定盈余公积			2 400 000.00
			任意盈余公积			1 200 000.00
28	分配利润	800 000.00	未分配利润			800 000.00
	负债与所有者权益合计	101 926 020.00				101 926 020.00

第四节

综合实训经济业务内容

该企业 2014 年 12 月经济业务内容：

1. 12 月 1 日，建行一般户收到南京苏宁汇来的前欠货款 280 000 元。

2. 12 月 1 日，开出现金支票，从中行基本户提现 15 000 元备用。

3. 12 月 2 日，基本户收到被投资公司杭州易淘电商公司分派来的现金股利 50 000 元，公司按成本法核算该投资，现金股利作“投资收益”处理。

4. 12 月 2 日，质检部职工王佳城预借差旅费 8 000 元，开出现金支票。

5. 12 月 2 日，购买办公用品（会议记录本、计算器、签字笔），付现金 560 元。

6. 12 月 2 日，向深圳高能分子材料厂购入原材料一批，其中：GE 材料 1 000 平方米，不含税单价 60 元，买价计 60 000 元，增值税额 10 200 元；PCB 板 5 000 平方米，不含税单价 100 元，买价计 500 000 元，增值税额 85 000 元；金属薄膜材料 200 千克，不含税单价 80 元，买价计 16 000 元，增值税额 2 720 元。款项合计 673 920 元，收到增值税专用发票，已电汇付款。

7. 12 月 3 日，向哈尔滨数字设备交易中心销售中宇天腾台式电脑 800 台，不含税单价 2 500 元，中宇酷腾笔记本电脑 100 台，不含税单价 3 500 元。委托铁路运输，代垫运费 10 000 元。已办妥银行托收承付手续。已开出增值税专用发票。购货单位地址：哈尔滨道里友谊路 58 号，开户银行：中国工商银行哈尔滨道里支行，账号：539762849。

8. 12 月 3 日，由基本户向深圳汇出存款 200 000 元，在深圳开设临时采购专户，电汇付款。收款单位：江苏常州华宇数字设备有限公司驻深圳办事处，开户行：广发银行深圳世纪公园分理处，账号：26882－15938479。

9. 12 月 4 日，通过国泰君安证券公司购入海南航空（代码：600221）股票 500 000 股，每股购进价 5.05 元，另支付证券公司经纪人佣金及税金 20 200 元，款项以“其他货币资金——存出投资款”支付，作为长期股权投资核算。国泰君安证券公司开户银行：工行常州通江路支行，账号：60608149759。

10. 12 月 5 日，根据“工资结算汇总表”，转账上个月工资至员工个人工资卡，并代扣个人所得税。

11. 12 月 5 日，按上月工资数计提企业负担的五险一金。

12. 12 月 8 日，上个月委托西安鑫博电脑广场代销硬盘和主板，现收到代销清单一份如表 4－4 所示。

表 4－4

产品名称	数量（个）	不含税单价（元）	金额（元）	增值税（元）	价税合计（元）
主板	157	1 150	180 000	30 600	210 600
硬盘	383	900	345 000	58 650	403 650
显示器	100	2 100	210 000	35 700	245 700
合计	640	4 150	735 000	124 950	859 950

背书收到还有 3 个月到期的银行承兑汇票 200 000 元（出票人为咸阳机械厂），余款未收到。

13. 12 月 8 日，向海南橡胶集团购入天然橡胶 10 000 千克，不含税单价 10.65 元，计划单位成本为 10 元；合成橡胶 8000 千克，不含税单价 10.27 元，计划单位成本为 10.5 元。货款以咸阳机械厂银票 200 000 元背书方式支付，余额未付。

14. 12 月 8 日，本票支付，缴上月未交增值税 800 000 元、城市维护建设税 119 000 元、教育费附加 51 000 元，代交个人所得税 25 165 元。国税局开户银行：中行朝阳路支行，账号：2267－45673328；地税局开户银行：工行丽华路支行，账号：3659－26587938。

15. 12 月 8 日，本票缴五险一金，常州市社保局开户行：工行和平北路分理处，账号：2345－45678909；常州市公积金中心开户行：农行椿庭桥支行，账号：6785－12345678。

16. 12 月 9 日，因安装调试主板流水线购入工程物资水泥 100 包，每包不含税单价 20 元，转账支票支付。当天领用 20 包。

17. 12 月 9 日，向车间发放劳保用品工作服（工作服单价 150 元一套），劳保用品的分摊采用一次摊销法。各车间领用情况如下：

主板车间领用 240 套；硬盘车间领用 300 套；显示器车间领用 280 套；装配车间领用 400 套；机修车间领用 30 套。

18. 12 月 10 日，中行基本户收到重庆百脑汇电脑城汇来的购货定金 500 000 元。

19. 12 月 10 日，收到自来水公司、供电局、电信局上月水费、电费、电话费委托收款凭证和发票，开具转账支票支付。其中各车间和部门分部门的水、电、电话开支明细如表 4－5 所示。

20. 12 月 10 日，向常州瓦楞纸包装材料有限公司购买包装箱 10 000 个，每个不含税单价 50 元，以原有的出票人为银川丝路飞天电脑城的银行承兑汇票背书转让支付 50 000 元，余款未付。

21. 12 月 10 日，购进的主板流水线调试安装完工，投入使用。工程成本总计为 2 800 000 元。

22. 12 月 10 日，购入专利权一项 360 000 元，电汇付款。收款方：北京半导体技术研究所，开户银行：农行北京房山支行，账号：567894688689。

表 4-5

部门		水费金额	电费金额	电话费金额	合计
基本生产车间	主板车间	500	15 000	100	15 600
	硬盘车间	400	16 000	100	16 500
	显示器车间	450	17 000	100	17 550
	装配车间	350	18 000	100	18 450
	小计	1 700	66 000	400	68 100
辅助生产车间	机修车间	550	10 000	100	10 650
仓库	原材料仓库	220	1 500	50	1 770
	半成品仓库	230	1 600	50	1 880
	产成品仓库	240	1 700	50	1 990
	小计	690	4 800	150	5 640
管理部门	销售部	250	2 500	3 500	6 250
	行政管理部门	1 250	4 500	3 000	8 750
合计		4 440	87 800	7 150	99 390

23. 12 月 10 日，向重庆百脑汇电脑城销售中宇天腾台式电脑 200 台，不含税单价 2 500 元，销售中宇酷腾笔记本电脑 100 台，不含税单价 3 300 元，代垫铁路运费 6 000 元，冲转预付定金，余款只收到 400 000 元。

24. 12 月 15 日，向常州龙虎塘仪器厂出售已使用超过五年但目前闲置不用的机修车间机床三台，固定资产原值 30 000 元，已提折旧 25 000 元，现金支付清理费用 300 元，价款 9 000 元收存银行。

25. 12 月 16 日，将持有的常州黑牡丹毛纺集团带息银票 3 000 000 元向建行申请贴现，贴现净额收存银行。该银票 11 月 28 日签发，期限 6 个月，票面利率 10%，贴现利率 8%，银票号码 180126，常州黑牡丹毛纺集团银票的出票行：浦发行常州天宁区红梅新村支行，账号：187267－88956788。

26. 12 月 17 日，购入固定资产汽车奥迪 A6 一辆，款项 351 000 元已汇出，小轿车已交付使用。收款方：吉林省长春市第一汽车制造厂，开户银行：工行吉林长春吉安路支行，账号：16787690309。

27. 12 月 18 日，归还中行 3 个月的短期借款本金 1 000 000 元，借款年利率为 4.6%。

28. 12 月 19 日，销售部招待客户，发生餐费和客户住宿费用共计 2 800 元，经有权签字人审批准予报销。开具转账支票支付。收款单位：常州新北区长兴楼酒店，开户行：光大银行常州恐龙园支行，账号：27686933779。

29. 12 月 21 日，收到美国旧金山 Dr. Richard Richy 的个人出资资本金 2 000 000 美元，按即时汇率（1:6.28）折算入账。Dr. Richard Richy 的开户银行是 CitiBank San－Francisco Branch，账号：6530 2748 9976 0028。

30. 12 月 22 日，收到江苏丹阳天能高新材料有限公司出资资本金 5 000 000 元。

31. 12 月 22 日，收到建行转来的第四季度存款结息单，金额为 2 288 元；中行第四季度存款结息单 3 388 元；建行 9 个月短期借款第四季度利息通知单，金额为 18 106 元；中行一年期流动资金借款利息通知单，金额为 150 400 元。

32. 12 月 22 日，质检部职工王佳城出差回来报销车旅费（火车票 3 500 元，长途汽车票 980 元）、住宿费 15 天计 1 510 元，伙食补助每天 40 元计 600 元，冲销前借款，并缴回余款。

33. 12 月 25 日，电汇支付新疆地震救灾捐款 30 000 元。

34. 12 月 26 日，编制 12 月份的工资表，分配、计提工资。

35. 12 月 31 日，仓库交来原材料收料汇总表，原材料登记入账。

36. 12 月 31 日，按发料凭证汇总表分配耗用材料费用。

37. 12 月 31 日，年末组织盘库，经盘点，盘亏主板 20 个，单位成本 900 元；盘盈天然橡胶 100 千克，单位成本 10 元。查明原因是企业管理疏忽造成，经总经理会议批准，原材料盘盈冲减管理费用，盘亏的半成品作增加管理费用处理。

38. 12 月 31 日，购中行的现金支票和转账支票各一本，银行直接从账户内扣款 80 元。

39. 12 月 31 日，计提本月固定资产折旧。

40. 12 月 31 日，结转分配辅助生产车间制造费用。

41. 12 月 31 日，按机修车间对各基本生产车间提供的服务工时分配辅助生产车间费用。

42. 12 月 31 日，结转分配各基本生产车间制造费用。

43. 12 月 31 日，结转完工半成品成本。

44. 12 月 31 日，结转完工产成品成本。

45. 12 月 31 日，计算并结转当月已销产品成本（先进先出法）。

46. 12 月 31 日，计提存货跌价准备、固定资产减值准备、长期股权投资减值准备、无形资产减值准备。

47. 12 月 31 日，核销北京昌平京城现代电脑销售公司一笔 3 年以上坏账 30 000 元。按账龄分析法计提当月坏账准备 35 000 元。

48. 12 月 31 日，计提当月应缴的增值税、城市维护建设税、教育费附加，并填制纳税申报表。

49. 12 月 31 日，计提应归属本月的租赁给常州天宁电器超市的门店房的固定资产租赁费收入 50 000 元，租赁费尚未收到。

50. 12 月 31 日，计提当月无形资产摊销 16 000 元。

51. 12 月 31 日，结转本年利润。

52. 12 月 31 日，按上年汇算清缴后确定的年度利润总额 250 万元计提当年 12 月应交所得税（企业所得税率 15%）；结转所得税费用进本年利润。

53. 12 月 31 日，结转全年净利润到“利润分配”。

54. 12 月 31 日，按当期税后利润的 10%、5% 分别提取法定盈余公积和任意盈余公积。

55. 12 月 31 日，按股东大会批准的利润分配方案，按全年净利润的 20% 向投资者分派股利（1—11 月净利润为 220 万元）。

56. 12 月 31 日，结转进“利润分配——未分配利润”。

第五节

实训所需用的相关凭证、账表

一、与企业 2014 年 12 月经济业务相关的原始凭证

1

中国建设银行进账单（回单或收账通知）

2014 年 12 月 1 日　　　　第 1 号

付款人	全　称	南京苏宁百货	收款人	全　称	华宇数字设备公司
	账　号			账　号	6352 - 197511109
	开户银行			开户银行	中国建设银行常州新北区支行

人民币（大写）	千	百	十	万	千	百	十	元	角	分
贰拾捌万元整		¥	2	8	0	0	0	0	0	0

复核：　　　　记账：

中国建设银行
常州新北区支行
2014.12.1
转
讫

3（1/2）

中国银行进账单（回单或收账通知）

2014 年 12 月 2 日　　　　第 2 号

付款人	全　称	杭州易淘电商公司	收款人	全　称	华宇数字设备公司
	账　号			账　号	2189 - 05187778
	开户银行			开户银行	中国银行常州延陵路支行

人民币（大写）	千	百	十	万	千	百	十	元	角	分
伍万元整			¥	5	0	0	0	0	0	0

复核：　　　　记账：

中国银行
常州延陵路支行
2014.12.2
转
讫

3（2/2）

常州市统一收款收据

2014 年 12 月 2 日　　　　No. 084637862

今收到　杭州易淘电商公司	第三联：记帐联
人民币（大写）　伍万整　　¥50 000.00	
款项来源　现金股利　江苏常州华宇数字设备有限责任公司财务专用章	
收款　张佳仪	

4（1/2）

借款单（记账联）

DATE：2014 年 12 月 2 日

借款单位：质检部　王佳城 DEPARTMENT：		
借款理由：出差预借差旅费 RAISON：		
借款数额：（大写）　捌仟元 MONTANT EN FRANCAIS：	金额：¥ 8 000.00 MONTANT：	
本单位负责人意见 CHEF DE DEPARTMENT：　同意		借款人（签章） SIGNATURE：　王佳城
经理批示： D. G. ：　同意 刘坤乾	会计主管人员核批： COMPTABLE： 同意 胡宁宁	付款记录： RECORD： 2014 年 12 月 2 日以 06516256 号现金支票支付

5

江苏省增值税普通发票

（印章：全国统一发票监制章 江苏省 国家税务局监制）

户名：江苏常州华宇数字设备有限责任公司　　2014 年 12 月 2 日　　No. 0068965

品名	数量	单位	单价	金额 万	千	百	十	元	角	分	备注
会议记录本	8	本	20		¥	1	6	0	0	0	
计算器	6	个	60		¥	3	6	0	0	0	
签字笔	20	支	2			¥	4	0	0	0	
合计					¥	5	6	0	0	0	

人民币（大写）伍佰陆拾元整

（印章：江苏常州苏宁百货商场 634572986 发票专用章）

收款员：刘心一　　经手人：霍建华

6（1/2）

广东省增值税专用发票

（印章：全国统一发票监制章 广东省 国家税务局监制）

2014 年 12 月 2 日　　No. 02679534

购货单位

名　　　称：江苏常州华宇数字设备有限责任公司

纳税人识别号：320405198236

地 址 、电 话：常州市新北区龙腾路 128 号

开户行及账号：建行常州新北区支行 6352 - 197511109

密码区

473857/4738219750 －46/　　加密版本：01

/4/98 < > － ＋573/5＊ － ＋68 ＋31121　　5500072250

> <45/586 > ＊5＊ － ＋4 ＋35578　　04379046

4338 >9 > >5 －652 <5 > > ＋8

货物或应税劳务名称	规格型号	单位	数量	单价	金额	税率	税额
GE 材料		平方米	1 000	60.00	60 000.00	17%	10 200.00
PCB 板		平方米	5 000	100.00	500 000.00	17%	85 000.00
金属薄膜		千克	200	80.00	16 000.00	17%	2 720.00
合计					¥576 000.00		¥97 920.00

价税合计（大写）陆拾柒万叁仟玖佰贰拾元整　　（小写）¥673 920.00

销货单位

名　　　称：深圳高能分子材料厂

纳税人识别号：320105188211

地 址 、电 话：深圳市宝安区

开户行及账号：建行河山路办

备注：（印章：深圳高分子材料厂 320105188211 发票专用章）

收款人：　　复核：胡工炎　　开票人：刘鑫　　销售单位：深圳高分子材料厂

6（2/2）

中国建设银行电汇凭证（回单）

委托日期　2014 年 12 月 2 日　　　　第　号

汇款人	全称	江苏常州华宇数字设备有限责任公司			收款人	全称	深圳高能分子材料厂		
	账号或住址	6352 - 197511109				账号或住址	2633 - 853833		
	汇出地点	常州市	汇出行	建行常州新北区支行		汇入地点	深圳市	汇入行	建行河山路办

金额	人民币（大写）陆拾柒万叁仟玖佰贰拾元整	百	十	万	千	百	十	元	角	分
		¥	6	7	3	9	2	0	0	0

汇款用途：付货款		留行待取预留收款人印鉴
上列款项已代进账，如有错误请持此联来行面洽 汇入行盖章 年　月　日	上列款项已照收无误 收款人盖章 年　月　日	科目______ 对方科目______ 汇入行解汇日期：　年　月　日 复核　　出纳　　记账

中国建设银行 常州新北区支行 2014.12.1 转讫

7（1/2）

江苏省增值税专用发票

全国统一发票监制章 江苏省 国家税务局监制

开票日期：2014 年 12 月 3 日　　　　*No.* 02679534

购货单位	名　　称：哈尔滨数字设备交易中心 纳税人识别号：06385193 地 址 、电 话：哈尔滨道里友谊路 58 号 开户行及账号：工行哈尔滨道里支行 539762849	密码区	442767/4353168970 -48/　加密版本：01 /9/95 < > - +514/5 * - +65 +32484　5500072250 > <23/518 > *5 * - +6 +27538　04353415 6486 >7 > >5 -648 <3 > > +9

货物或应税劳务名称	规格型号	单位	数量	单价	金额	税率	税额
中宇天腾台式电脑		台	800	2 500.00	2 000 000.00	17%	340 000.00
中宇酷腾笔记本电脑		台	100	3 500.00	350 000.00	17%	59 500.00
合计					¥2 350 000.00		¥399 500.00
价税合计（大写）	贰佰柒拾肆万玖仟伍佰元整				（小写）¥2 749 500. 00		

销货单位	名　　称：江苏常州华宇数字设备有限责任公司 纳税人识别号：320405198236 地 址 、电 话：常州市新北区龙腾路 128 号 开户行及账号：建行常州新北区支行 6352 - 197511109	备注	江苏常州华宇数字设备有限责任公司 320405198236 发票专用章

收款人：　　复核：赵城炎　　开票人：胡宁宁　　销售单位：江苏常州华宇数字设备有限责任公司

7（2/2）

铁路运费货票

计划号码或运输号码：415　　　　货票第 1 号

托运人填写						承运人填写				
发站		到站（局）				车种 车号	集装箱车 5200000		货车 标重	5T
到站所属省（市）自治区						施封号码	8888			
托运人	名称	江苏常州华宇数字设备有限责任公司				经由	铁路货车篷布号码		3000000	
	住址	常州新北区	电话	0519 - 82368888			集装号码	5200000		
收货人	名称	哈尔滨数字设备交易中心				里程				
	住址	哈尔滨道里友谊路 58 号	电话	0451 - 84856888						
货物名称	件数	包装	货物价格	托运人确定重量（千克）		承运人确定量（千克）	计费重量	运价号	运价率	运费
电脑	900		2 749 500 元							
合计										
托运人记事项	保险： 所运货物属于易碎品，须注意货物的平稳，避免碰撞，以免货物受损					承运人记载事项	避免碰撞，保证包装稳定性			

8

中国银行电汇凭证（回单）

委托日期　2014 年 12 月 2 日　　　　第　号

汇款人	全称	华宇数字设备公司			收款人	全称	华宇数字设备有限公司驻深圳办事处		
	账号或住址	2189 - 05187778				账号或住址	26882 - 15938479		
	汇出地点	常州市	汇出行	中行常州延陵路支行		汇入地点	深圳市	汇入行	广发行深圳世纪公园分理处

金额	人民币（大写）贰拾万元整	百	十	万	千	百	十	元	角	分
		¥	2	0	0	0	0	0	0	0

汇款用途：开设临时采购专户		留行待取预留收款人印鉴
上列款项已代进账，如有错误请持此联来行面洽 汇入行盖章 年 月 日	上列款项已照收无误 收款人盖章 年 月 日	科目＿＿＿＿ 对方科目＿＿＿ 汇入行解汇日期：　年　月　日 复核　　出纳　　记账 中国银行 常州延陵路支行 2014.12.2 转讫

9

买进报告书

购买人：江苏常州华宇数字设备有限责任公司　　　　证券名称：海南航空
购买单价：5.05 元/每股　　　　购买日期：2014.12.4
成交单号：00012678

江苏常州国泰君安证券公司
交易确认专用章

数量	单价	金额	手续费	应交税款	应收金额	备注
500 000	5.05	2 525 000.00	12 625.00	7 575.00	¥2 545 200.00	长期持有
金额合计：（大写）贰佰伍拾肆万伍仟贰佰元整						

第二联交由付款人

交易员：艾亮

10（1/3）

中国银行签发银行本票

申　请　书（存根）

①

AA440085

申请日期　贰零壹肆年壹拾贰月伍日

收款单位或个人名称：江苏常州华宇数字设备有限责任公司　　本票号码：AA440085

申请

签发本票金额（大写）柒拾贰万零玖佰陆拾柒元伍角　　¥ 720 967.50

申请人名称：江苏常州华宇数字设备有限责任公司

申请人地址（或账号）：江苏省常州市新北区龙腾路 128 号

中国银行
常州延陵路支行
2014.12.5
转
讫

申请人签章　　银行出纳　　复核　　记账　　验印

10（2/3）

2014 年 11 月工资结算汇总表

公司名称：江苏常州华宇数字设备有限责任公司　　　　制表日期：2014 年 12 月 5 日

部门			基本工资	各种津贴	奖金	应扣病事假工资	应发合计	五险一金个人承担部分				个人所得税	扣发合计	实发工资
								养老保险（8%）	医疗保险（2%）	失业保险（0.5%）	住房公金（8%）			
基本生产车间	主板车间	工人	80 000	10 000	10 000		100 000	8 000	2 000	500	8 000	3 500	22 000	78 000
		管理人员	8 000	1 000	1 000		10 000	800	200	50	800	350	2 200	7 800
		小计	88 000	11 000	11 000		110 000	8 800	2 200	550	8 800	3 850	24 200	85 800
	硬盘车间	工人	85 000	10 000	15 000		110 000	8 800	2 200	550	8 800	3 600	23 950	86 050
		管理人员	8 500	1 000	1 500		11 000	880	220	55	880	360	2 395	8 605
		小计	93 500	11 000	16 500		121 000	9 680	2 420	605	9 680	3 960	26 345	94 655
	显示器车间	工人	100 000	20 000	20 000		140 000	11 200	2 800	700	11 200	3 900	29 800	110 200
		管理人员	10 000	2 000	2 000		14 000	1 120	280	70	1 120	390	2 980	11 020
		小计	110 000	22 000	22 000		154 000	12 320	3 080	770	12 320	4 290	32 780	121 220
	装配车间	工人	110 000	20 000	20 000		150 000	12 000	3 000	750	12 000	3 950	31 700	118 300
		管理人员	11 000	2 000	2 000		15 000	1 200	300	75	1 200	395	3 170	11 830
		小计	121 000	22 000	22 000		165 000	13 200	3 300	825	13 200	4 345	34 870	130 130
辅助生产车间	机修车间	工人	26 000	1 000	1 000		28 000	2 240	560	140	2 240	420	5 600	22 400
		管理人员	7 000	1 000	1 000		9 000	720	180	45	720	390	2 055	6 945
		小计	33 000	2 000	2 000		37 000	2 960	740	185	2 960	400	7 245	29 755
仓库	原材料仓库	管理人员	11 000	1 500	1 500		14 000	1 120	280	70	1 120	1 210	3 800	10 200
	半成品仓库	管理人员	10 000	1 000	1 000		12 000	960	240	60	960	950	3 170	8 830
	产成品仓库	管理人员	10 600	1 000	1 000	100	12 500	1 000	250	62.5	1 000	870	3 182.5	9 317.5
	小计		31 600	3 500	3 500	100	38 500	3 080	770	192.5	3 080	1 820	8 942.5	29 557.5
管理部门	销售人员		100 000	10 000	40 000		150 000	12 000	3 000	750	12 000	4 500	32 250	117 750
	行政管理人员		125 800	5 000	10 000	800	140 000	11 200	2 800	700	11 200	2 000	27 900	112 100
合计			702 900	86 500	127 000	900	915 500	73 240	18 310	4 577.5	73 240	25 165	194 532.5	720 967.5

10（3/3）

个人所得税月份申报表

根据《中华人民共和国个人所得税法》第九条的规定，制定本表。纳税人应在次月七日将税款缴入国库，并向当地税务机关报送本表。如果分月或分次取得所得的，应在年度终了后三个月内汇算清缴，多退少补。

微机号：　　　　　　　　　　　　　　　　　　　　　　　　　　　　　　　　常地税征（2000）SD007－1

纳税人识别号：　　　　　　　　　　　　填表日期：2014 年 12 月 5 日　　　　　　　　　　　金额单位：元（列至角分）

<table>
<tr><td>纳税人姓名</td><td></td><td>国籍</td><td></td><td>抵华日期</td><td></td><td colspan="2">在中国境内住址</td><td colspan="7"></td></tr>
<tr><td colspan="2">在中国境内通讯地址</td><td colspan="2"></td><td>邮编</td><td></td><td colspan="2">电话</td><td colspan="7"></td></tr>
<tr><td>职业</td><td colspan="4"></td><td colspan="2">服务单位</td><td colspan="3"></td><td colspan="2">服务地点</td><td colspan="3"></td></tr>
<tr><td rowspan="3">所得项目</td><td rowspan="3">税款所属期</td><td colspan="6">收入额</td><td rowspan="3">减费用额</td><td rowspan="3">应纳税所得额</td><td rowspan="3">税率</td><td rowspan="3">速算扣除数</td><td rowspan="3">应纳税额</td><td rowspan="3">已扣缴税额</td><td rowspan="3">应补（退）税额</td></tr>
<tr><td rowspan="2">人民币</td><td colspan="4">外币</td><td rowspan="2">人民币合计</td></tr>
<tr><td>货币名称</td><td>金额</td><td>外汇牌价</td><td>折合人民币</td></tr>
<tr><td></td><td></td><td></td><td></td><td></td><td></td><td></td><td></td><td></td><td></td><td></td><td></td><td></td><td></td><td></td></tr>
<tr><td></td><td></td><td></td><td></td><td></td><td></td><td></td><td></td><td></td><td></td><td></td><td></td><td></td><td></td><td></td></tr>
<tr><td></td><td></td><td></td><td></td><td></td><td></td><td></td><td></td><td></td><td></td><td></td><td></td><td></td><td></td><td></td></tr>
<tr><td></td><td></td><td></td><td></td><td></td><td></td><td></td><td></td><td></td><td></td><td></td><td></td><td></td><td></td><td></td></tr>
<tr><td>合计</td><td></td><td></td><td></td><td></td><td></td><td></td><td></td><td></td><td></td><td></td><td></td><td></td><td></td><td></td></tr>
<tr><td rowspan="2">授权代理人</td><td colspan="6" rowspan="2">授权人签字：</td><td colspan="2">声明</td><td colspan="6">我声明：此纳税申报表是根据《中华人民共和国个人所得税法》的规定填报的，我确信它是真实的、可靠的、完整的。</td></tr>
<tr><td colspan="3">纳税人（签字或盖章）</td><td></td><td colspan="2">代理申报人（签字）</td><td colspan="2"></td></tr>
<tr><td colspan="5">以下由税务机关填写</td><td>接受人</td><td colspan="4"></td><td colspan="2">收到申报表日期</td><td colspan="3"></td></tr>
</table>

11

2014 年 11 月份企业应负担社保、公积计算表

公司名称：江苏常州华宇数字设备有限责任公司　　　　制表日期：2014 年 12 月 05 日

部门			基本工资	各种津贴	奖金	应扣病事假工资	应发合计	五险一金公司承担部分				
								养老保险（20%）	医疗保险（9%）	失业保险（1.5%）	住房公积金（8%）	合计
基本生产车间	主板车间	工人	80 000.00	10 000.00	10 000.00		100 000.00	20 000.00	9 000.00	1 500.00	8 000.00	38 500.00
		管理人员	8 000.00	1 000.00	1 000.00		10 000.00	2 000.00	900.00	150.00	800.00	3 850.00
		小计	88 000.00	11 000.00	11 000.00		110 000.00	22 000.00	9 900.00	1 650.00	8 800.00	42 350.00
	硬盘车间	工人	85 000.00	10 000.00	15 000.00		110 000.00	22 000.00	9 900.00	1 650.00	8 800.00	42 350.00
		管理人员	8 500.00	1 000.00	1 500.00		11 000.00	2 200.00	990.00	165.00	880.00	4 235.00
		小计	93 500.00	11 000.00	16 500.00		121 000.00	24 200.00	10 890.00	1 815.00	9 680.00	46 585.00
	显示器车间	工人	100 000.00	20 000.00	20 000.00		140 000.00	28 000.00	12 600.00	2 100.00	11 200.00	53 900.00
		管理人员	10 000.00	2 000.00	2 000.00		14 000.00	2 800.00	1 260.00	210.00	1 120.00	5 390.00
		小计	110 000.00	22 000.00	22 000.00		154 000.00	30 800.00	13 860.00	2 310.00	12 320.00	59 290.00
	装配车间	工人	110 000.00	20 000.00	20 000.00		150 000.00	30 000.00	13 500.00	2 250.00	12 000.00	57 750.00
		管理人员	11 000.00	2 000.00	2 000.00		15 000.00	3 000.00	1 350.00	225.00	1 200.00	5 775.00
		小计	121 000.00	22 000.00	22 000.00		165 000.00	33 000.00	14 850.00	2 475.00	13 200.00	63 525.00
辅助生产车间	机修车间	工人	26 000.00	1 000.00	1 000.00		28 000.00	5 600.00	2 520.00	420.00	2 240.00	10 780.00
		管理人员	7 000.00	1 000.00	1 000.00		9 000.00	1 800.00	810.00	135.00	720.00	3 465.00
		小计	33 000.00	2 000.00	2 000.00		37 000.00	7 400.00	3 330.00	555.00	2 960.00	14 245.00
仓库	原材料仓库	管理人员	11 000.00	1 500.00	1 500.00		14 000.00	2 800.00	1 260.00	210.00	1 120.00	5 390.00
	半成品仓库	管理人员	10 000.00	1 000.00	1 000.00		12 000.00	2 400.00	1 080.00	180.00	960.00	4 620.00
	产成品仓库	管理人员	10 600.00	1 000.00	1 000.00	100.00	12 500.00	2 500.00	1 125.00	187.50	1 000.00	4 812.50
	小计		31 600.00	3 500.00	3 500.00	100.00	38 500.00	7 700.00	3 465.00	577.50	3 080.00	14 822.50
管理部门	销售人员		100 000.00	10 000.00	40 000.00		150 000.00	30 000.00	13 500.00	2 250.00	12 000.00	57 750.00
	行政管理人员		125 800.00	5 000.00	10 000.00	800.00	140 000.00	28 000.00	12 600.00	2 100.00	11 200.00	53 900.00
合计			702 900.00	86 500.00	127 000.00	900.00	915 500.00	183 100.00	82 395.00	13 732.50	73 240.00	352 467.50

12（1/4）

西安鑫博电脑广场代销清单

2014 年 12 月 08 日 单位：元

产品名称	数量（个）	不含税单价（元）	金额（元）	增值税（元）	价税合计（元）
主板	157	1 150	180 000	30 600	210 600
硬盘	383	900	345 000	58 650	403 650
显示器	100	2 100	210 000	35 700	245 700
合计	640	4 150	735 000	124 950	859 950

西安鑫博电脑广场 财务专用章

经办人：刘福满

12（2/4）

银行承兑汇票

汇票号码 第 1289 号

签发日期（大写）贰零壹肆年 壹拾月 零捌 日

承兑申请人	全称	咸阳机械厂		收款人	全称	江苏常州华宇数字设备有限责任公司	
	账号	2278 - 64233235			账号	2189 - 05187778	
	开户银行	中国农业银行陕西咸阳钟楼支行	行号		开户银行	中国银行常州延陵路支行	行号

汇票金额	人民币（大写）贰拾万元整	千	百	十	万	千	百	十	元	角	分
			¥	2	0	0	0	0	0	0	0

汇票到期日	2015 年 4 月 7 日	承兑协议编号	交易合同号 776

本汇票送你行承兑，并确认《银行承兑办法》和承兑协议的各项规定。

此致

承兑银行

咸阳机械厂 财务专用章

2014 年 10 月 08 日

本汇票经本行承兑，到期日由本行支付。

中国农业银行陕西咸阳钟楼支行 汇票专用章

2014 年 10 月 08 日

科目（借）

对方科目（贷）

汇票收款人盖章

2014 年 10 月 12 日

江苏常州华宇数字设备有限责任公司 财务专用章

负责 经办 复核 记账

12（3/4）

银行承兑汇票背面

注意事项：

一、收款人必须将本汇票解讫通知，同时提交开户银行，两者缺一无效。

二、本汇票经背书可以转让。

被背书人	被背书人	被背书人
背书 日期　　　　年　月　日	背书 日期　　　　年　月　日	背书 日期　　　　年　月　日

12（4/4）

江苏增值税专用发票

江苏省 国家税务局监制

No 02548455

33232345057　　　　**记　账　联**　　　　开票日期：　年　月　日

购货单位	名　　称： 纳税人识别号： 地 址 、电 话： 开户行及账号：			密码区	920386/675 －949075 －25/　　加密版本：01 /2/85 < > －　+319/5 ＊　－ +85 +11312　4400061140 > <34/848 > ＊5＊ － +5 +11312　03268935 ＊5226 >8 > >2 －815 <4＊ > > +5		
货物或应税劳务名称	规格型号	单位	数量	单价	金额	税率	税额
合计							
价税合计（大写）	（小写）						
销货单位	名　　称： 纳税人识别号： 地 址 、电 话： 开户行及账号：			备注	江苏常州华宇数字设备有限责任公司 320405198236 发票专用章		

收款人：　　　　复核：　　　　开票人：　　　　销售单位：

第三联：记账联　销货方记账凭证

13（1/4）

江苏增值税专用发票

No02548456

发　票　联

（印章：江苏省 国家税务局监制）

33232345057　　　　开票日期：2014 年 12 月 08 日

购货单位	名　　　称：江苏常州华宇数字设备有限责任公司 纳税人识别号：320405198236 地 址 、电 话：江苏省常州市新北区龙腾路128 号 0519 - 82368888 开户行及账号：中国银行常州延陵路支行 2189 - 05187778	密码区	920386/675 －949075 －25/　加密版本：01 /2/85 < > － +319/5 ＊ － +85 +11312　4400061140 > <34/848 > ＊ 5 ＊ － +5 +11312　03268935 ＊5226 >　8 > > 2 － 815 <4＊ > > +5

货物或应税劳务名称	规格型号	单位	数量	单价	金额	税率	税额
天然橡胶		千克	10 000	10.65	106 500.00	17%	
合成橡胶		千克	8 000	10.27		17%	
合计					¥		¥
价税合计（大写）	贰拾贰万零柒百叁拾贰元贰角				（小写）¥220 732.20		

销货单位	名　　　称：海南橡胶集团 纳税人识别号：279908985248990 地 址 、电 话：海南省海口市黄坡南路 98 号 0898 - 88888888 开户行及账号：农行海口黄坡路支行 5497356 - 45678932987	备注	（印章：海南橡胶集团 320105188211 发票专用章）

收款人：　　复核：阮次圭　　开票人：符承洁　　销售单位：海南橡胶集团

第二联：发票联　购货方记账凭证

13（2/4）

江苏增值税专用发票

No02548456

发　票　联

（印章：江苏省 国家税务局监制）

33232345057　　　　开票日期：2014 年 12 月 08 日

购货单位	名　　　称：江苏常州华宇数字设备有限责任公司 纳税人识别号：320405198236 地 址 、电 话：江苏省常州市新北区龙腾路128 号 0519 - 82368888 开户行及账号：中国银行常州延陵路支行 2189 - 05187778	密码区	920386/675 －949075 －25/　加密版本：01 /2/85 < > － +319/5 ＊ － +85 +11312　4400061140 > <34/848 > ＊ 5 ＊ － +5 +11312　03268935 ＊5226 >　8 > > 2 － 815 <4＊ > > +5

货物或应税劳务名称	规格型号	单位	数量	单价	金额	税率	税额
天然橡胶		千克	10 000	10.65	106 500.00	17%	18 105.00
合成橡胶		千克	8 000	10.27	82 160.00	17%	13 967.20
合计					¥188 660.00		¥32 072.20
价税合计（大写）	贰拾贰万零柒百叁拾贰元贰角				（小写）¥220 732.20		

销货单位	名　　　称：海南橡胶集团 纳税人识别号：279908985248990 地 址 、电 话：海南省海口市黄坡南路 98 号 0898 - 88888888 开户行及账号：农行海口黄坡路支行 5497356 - 45678932987	备注	（印章：海南橡胶集团 320105188211 发票专用章）

收款人：　　复核：阮次圭　　开票人：符承洁　　销售单位：海南橡胶集团

第一联：抵扣联　购货方抵扣凭证

13（3/4）

银行承兑汇票 2

汇票号码

签发日期（大写）贰零壹肆年 壹拾月 壹拾贰 日　　第 1289 号

<table>
<tr><td rowspan="3">承兑申请人</td><td>全称</td><td colspan="3">咸阳机械厂</td><td rowspan="3">收款人</td><td>全称</td><td colspan="3">江苏常州华宇数字设备有限责任公司</td></tr>
<tr><td>账号</td><td colspan="3">2278－64233235</td><td>账号</td><td colspan="3">2189－05187778</td></tr>
<tr><td>开户银行</td><td>中国农业银行陕西咸阳钟楼支行</td><td>行号</td><td></td><td>开户银行</td><td>中国银行常州延陵路支行</td><td>行号</td><td></td></tr>
</table>

<table>
<tr><td rowspan="2">人民币（大写）贰拾万元整</td><td>千</td><td>百</td><td>十</td><td>万</td><td>千</td><td>百</td><td>十</td><td>元</td><td>角</td><td>分</td></tr>
<tr><td></td><td>¥</td><td>2</td><td>0</td><td>0</td><td>0</td><td>0</td><td>0</td><td>0</td><td>0</td></tr>
</table>

<table>
<tr><td>汇票到期日</td><td>2015 年 6 月 11 日</td><td>承兑协议编号</td><td>交易合同号 776</td></tr>
<tr><td colspan="2">本汇票送你行承兑，并确认《银行承兑办法》和承兑协议的各项规定。
此致
承兑银行
咸阳机械厂 财务专用章
2014 年 12 月 12 日</td><td colspan="2" rowspan="2">科目（借）
对方科目（贷）
咸阳机械厂 财务专用章
汇票收款人盖章
转账 2014 年 12 月 12 日
经办　　复核　　记账</td></tr>
<tr><td colspan="2">本汇票经本行承兑，到期日由本行支付。
中国农业银行陕西咸阳钟楼支行 汇票专用章
2014 年 12 月 12 日</td></tr>
</table>

13（4/4）

银行承兑汇票背面

注意事项：

一、收款人必须将本汇票解讫通知，同时提交开户银行，两者缺一无效。

二、本汇票经背书可以转让。

被背书人	被背书人	被背书人
背书 日期　　　年　月　日	背书 日期　　　年　月　日	背书 日期　　　年　月　日

14（1/7）

中华人民共和国
增值税缴款书

税票号 8800014666　　所属日期：2014. 11. 1—2014. 11. 30　　级次 国

纳税单位（人）	江苏常州华宇数字设备有限责任公司			主管部门	
地址	江苏省常州市新北区龙腾路128号			经济类型	有限责任公司
开户银行	中国银行常州延陵路支行	账号	2189-05187778		

行业及品目名称	课税数量	计税金额及销售量	税率（%）单位税额	已缴或扣除额	实缴税额
计算机配件、计算机					987 500
合计金额人民币（大写）	玖拾捌万柒仟伍佰元整				987 500
预期　天，每天按税款 千分之二 加收滞纳金					0
总计金额人民币（大写）	玖拾捌万柒仟伍佰元整				¥ 987 500
完税证（发货票）　　份，起讫号码：					

收入机关	常州市国家税务局新北区分局第二分所 征收专用章	增 税种标识	收款银行
经办人：吴广			中行朝阳路支行 业务章
填票日期：2014. 12. 08			缴款限期：2014. 12. 08

14（2/7）

中华人民共和国
城市维护建设税缴款书

税票号 6600015666　　所属日期：2014. 11. 1—2014. 11. 30　　级次 地

纳税单位（人）	江苏常州华宇数字设备有限责任公司	主管部门	
地址	江苏省常州市新北区龙腾路128号	经济类型	有限责任公司
开户银行	中国银行常州延陵路支行　账号 2189-05187778		

行业及品目名称	课税数量	计税金额及销售量	税率（%）单位税额	已缴或扣除额	实缴税额
城市建设维护税		1 700 000	7		119 000
教育费附加		1 700 000	3		51 000
合计金额人民币（大写）	壹拾柒万元整				170 000
预期　天，每天按税款	千分之二　加收滞纳金				0
总计金额人民币（大写）	壹拾柒万元整				¥ 170 000
完税证（发货票）	份，起讫号码：				

收入机关	常州市地方税务局新北区分局第八分所 征收专用章	城 税种标识	收款银行 工行丽华路支行 业务章
经办人：刘一邦			
填票日期：2014. 12. 08			缴款限期：2014. 12. 08

14（3/7）

中华人民共和国
个人所得税缴款书

税票号 6600015667　　所属日期：2014. 11. 1—2014. 11. 30　　级次 地

纳税单位（人）	江苏常州华宇数字设备有限责任公司	主管部门	
地址	江苏省常州市新北区龙腾路128号	经济类型	有限责任公司
开户银行	中国银行常州延陵路支行　账号 2189-05187778		

行业及品目名称	课税数量	计税金额及销售量	税率（%）单位税额	已缴或扣除额	实缴税额
工资薪金所得			5		25 165
合计金额人民币（大写）	贰万伍仟壹佰陆拾伍元整				25 165
预期　天，每天按税款	千分之二　加收滞纳金				0
总计金额人民币（大写）	贰万伍仟壹佰陆拾伍元整				¥ 25 165
完税证（发货票）	份，起讫号码：				

收入机关	常州市地方税务局新北区分局第八分所 征收专用章	个 税种标识	收款银行 工行丽华路支行 业务章
经办人：刘秀			
填票日期：2014. 12. 08			缴款限期：2014. 12. 08

14（4/7）

中国银行签发银行本票
申 请 书（存根）

①

AA440085

申请日期 2014 年 12 月 08 日

收款单位或个人名称：常州市国税局新北区分局第二分所　本票号码：720008989225

申请

签发本票金额（大写）玖拾捌万柒仟伍佰元整　￥987 500.00

申请人名称：江苏常州华宇数字设备有限责任公司

申请人地址（或账号）：江苏省常州市新北区龙腾路 128 号

中国银行
常州延陵路支行
2014.12.8
转
验印
讫

申请人签章　银行出纳　复核　记账

14（5/7）

中国银行本票存根

本票号码

IXV008989225

收款人：常州市国税局新北区分局第二分所

金额：玖拾捌万柒仟伍佰元整

科目（借）

对方科目（贷）

签发日期：2014.12.08

出纳　复核　经办

中国银行　***IXV***008989225

付款期
壹个月

本　票

￥987 500.00

签发日期（大写）贰零壹肆年　壹拾贰月　零捌日

收款人：常州市国税局新北区分局第二分所

凭票即付人民币玖拾捌万柒仟伍佰元整

中国银行常州延陵路支行
本票专用章

转账　现金

14（6/7）

中国银行签发银行本票

申 请 书（存根） ① ***AA***440086

申请日期 2014 年 12 月 08 日

收款单位或个人名称：常州市地税局新北区分局第八分所 本票号码：720008989226

申请

签发本票金额（大写） 壹拾玖万伍仟壹佰陆拾伍元整 ¥ 195 165.00

申请人名称：江苏常州华宇数字设备有限责任公司

申请人地址（或账号）：江苏省常州市新北区龙腾路 128 号

中国银行 常州延陵路支行 2014.12.8 转讫 验印

申请人签章 银行出纳 复核 记账

14（7/7）

中国银行本票存根

本票号码

IXV008989226

收款人：常州市地税局新北区分局第八分所

金额：壹拾玖万伍仟壹佰陆拾伍元整

科目（借）

对方科目（贷）

签发日期：2014.12.08

出纳 复核 经办

中国银行 ***IXV***008989226

付款期 壹个月

本 票 ¥ 195 165.00

签发日期（大写） 贰零壹肆年 壹拾贰月 零捌日

收款人：常州市地税局新北区分局第八分所

凭票即付人民币 壹拾玖万伍仟壹佰陆拾伍元整

中国银行常州延陵路支行 本票专用章

转账 现金

15（1/6）

中国建设银行签发银行本票 ①

申 请 书（存根） MM440086

申请日期 2014 年 12 月 08 日

收款单位或个人名称：常州市社保局　　本票号码：720008989226

申请

签发本票金额（大写）：叁拾柒万伍仟叁百伍拾伍元整　　¥ 375 355.00

申请人名称：江苏常州华宇数字设备有限责任公司

申请人地址（或账号）：江苏省常州市新北区龙腾路128号

中国建设银行 常州新北区支行 2014.12.8 转 验印 讫

申请人签章　　银行出纳　　复核　　记账

15（2/6）

中国建设银行本票存根	中国建设银行 IST008989226
本票号码 IST008989226 收款人：常州市社保局 金额：叁拾柒万伍仟叁百伍拾伍元整 科目（借） 对方科目（贷） 签发日期：2014.12.08 出纳　复核　经办	付款期 壹个月 本　票　¥ 375 355.00 签发日期（大写）贰零壹肆年 壹拾贰月 零捌日 收款人：常州市社保局 凭票即付人民币叁拾柒万伍仟叁百伍拾伍元整 中国建设银行新北区支行 本票专用章 转账　现金

15（3/6）

中国建设银行签发银行本票　①

申 请 书（存根）　*MM*440087

申请日期 2014 年 12 月 08 日

收款单位或个人名称：常州市住房公积金管理中心　　本票号码：720008989227

申请

签发本票金额（大写）：壹拾肆万陆仟肆百捌拾元整　　¥ 146 480.00

申请人名称：江苏常州华宇数字设备有限责任公司

申请人地址（或账号）：江苏省常州市新北区龙腾路 128 号

中国建设银行
常州新北区支行
2014. 12. 8
转
验印
讫

申请人签章　　银行出纳　　复核　　记账

15（4/6）

中国建设银行本票存根	中国建设银行　*IST*008989227
本票号码 *IST*008989227 收款人：常州市住房公积金管理中心 金额：壹拾肆万陆仟肆百捌拾元整 科目（借） 对方科目（贷） 签发日期：2014. 12. 08 出纳　　复核　　经办	付款期 壹个月 本　票　¥ 146 480.00 签发日期（大写）　贰零壹肆年　壹拾贰月　零捌日 收款人：常州市住房公积金管理中心 凭票即付人民币壹拾肆万陆仟肆百捌拾元整 （国建设银行新北区支行　本票专用章） 转账　现金

15（5/6）

江苏省社保局缴款回单

凭证日期：2014. 12. 08

付款人	全称 账号 开户行	江苏常州华宇数字设备有限责任公司 2189 - 05187778 中国银行常州延陵路支行
收款人	全称 账号 开户行	常州市社保局 2345 - 45678909 工行和平北路分理处
金额	大写 叁拾柒万伍仟叁佰伍拾伍元整 小写 375 355.00	
交款缘由	员工社会保险	
款项所属期 2014. 11. 01 - 2014. 11. 30		

常州市社保局 ★ 财务专用章

打印日期 2014. 12. 08　　打印次数 01

15（6/6）

江苏省住房公积金管理中心缴款回单

凭证日期：2014. 12. 08

付款人	全称 账号 开户行	江苏常州华宇数字设备有限责任公司 2189 - 05187778 中国银行常州延陵路支行
收款人	全称 账号 开户行	常州市住房公积金管理中心 6785 - 12345678 农行椿庭桥支行
金额	小写 146 480.00	
交款缘由	员工住房公积金	
款项所属期：2014. 11. 01 - 2014. 11. 30		

常州市住房公积金管理中心 ★ 财务专用章

打印日期 2014. 12. 08　　打印次数 01

16（1/4）

江苏增值税专用发票

No02548456

江苏省 国家税务局监制

33131345057　　　　**发　票　联**　　　　开票日期：2014 年 12 月 09 日

购货单位	名　　称：江苏常州华宇数字设备有限责任公司 纳税人识别号：320405198236 地 址 、电 话：江苏省常州市新北区龙腾路128号 0519－82368888 开户行及账号：中国银行常州延陵路支行 2189－05187778	密码区	920386/675－949075　－25/　　加密版本：01 /2/85 < > －　+319/5 ＊　－　+85+11312　4400061140 > <34/848 >　＊ 5 ＊ － +5+11312　　03268935 ＊5226 >8 > >2－815 <4＊ > > +5

货物或应税劳务名称	规格型号	单位	数量	单价	金额	税率	税额
水泥		包	100	20	2000.00	17	340.00
合计					¥2000.00		¥340.00
价税合计（大写）	贰仟叁佰肆拾元整					（小写）	¥2340.00

销货单位	名　　称：常州武进武青水泥厂 纳税人识别号：123456798789 地 址 、电 话：常州市武青路28号 0519－87459658 开户行及账号：中国工商银行常州武青路支行 456666－78999999	备注	常州武进武青水泥厂 123456798798 发票专用章

收款人：　　复核：阮泱圭　　开票人：章若男　　销售单位：常州武进武青水泥厂

第二联：发票联　购货方记账凭证

16（2/4）

江苏增值税专用发票

No02548456

江苏省 国家税务局监制

33131345057　　　　**发　票　联**　　　　开票日期：2014 年 12 月 09 日

购货单位	名　　称：江苏常州华宇数字设备有限责任公司 纳税人识别号：320405198236 地 址 、电 话：江苏省常州市新北区龙腾路128号 0519－82368888 开户行及账号：中国银行常州延陵路支行 2189－05187778	密码区	920386/675－949075　－25/　　加密版本：01 /2/85 < > －　+319/5 ＊　－　+85+11312　4400061140 > <34/848 >　＊ 5 ＊ － +5+11312　　03268935 ＊5226 >8 > >2－815 <4＊ > > +5

货物或应税劳务名称	规格型号	单位	数量	单价	金额	税率	税额
水泥		包	100	20	2000.00	17	340.00
合计					¥2000.00		¥340.00
价税合计（大写）	贰仟叁佰肆拾元整					（小写）	¥2340.00

销货单位	名　　称：常州武进武青水泥厂 纳税人识别号：123456798789 地 址 、电 话：常州市武青路28号 0519－87459658 开户行及账号：中国工商银行常州武青路支行 456666－78999999	备注	常州武进武青水泥厂 123456798798 发票专用章

收款人：　　复核：阮泱圭　　开票人：章若男　　销售单位：常州武进武青水泥厂

第一联：抵扣联　购货方抵扣凭证

16（4/4）

领料单

领料部门：主板车间　　2014 年 12 月 9 日　　字第　号

材料			单 位	数量		成本	
编号	名称	备注		请领	实发	单价	总价
	水泥	主板流水线用	包	20	20	20	400

主管：　会计：　记账：　保管：钱凤　发料：赵龙　领料：张虎

17（1/5）

领料单

领料部门：主板车间　　年　月　日　　字第　号

材料			单 位	数量		成本	
编号	名称	备注		请领	实发	单价	总价

主管：　会计：　记账：　保管：　发料：　领料：

17（2/5）

领料单

领料部门：硬盘车间　　　　年　月　日　　　　字第　号

材料			单 位	数量		成本	
编号	名称	备注		请领	实发	单价	总价

主管：　会计：　记账：　保管：　发料：　领料：

17（3/5）

领料单

领料部门：显示器车间　　　　年　月　日　　　　字第　号

材料			单 位	数量		成本	
编号	名称	备注		请领	实发	单价	总价

主管：　会计：　记账：　保管：　发料：　领料：

17（4/5）

领料单

领料部门：装配车间　　　　年　月　日　　　　字第　号

材料			单位	数量		成本	
编号	名称	备注		请领	实发	单价	总价

主管：　会计：　记账：　保管：　发料：　领料：

17（5/5）

领料单

领料部门：机修车间　　　　年　月　日　　　　字第　号

材料			单位	数量		成本	
编号	名称	备注		请领	实发	单价	总价

主管：　会计：　记账：　保管：　发料：　领料：

18

中国银行进账单（回单或收账通知）

2014 年 12 月 10 日　　　　第　号

付款人	全　称	重庆百脑汇电脑城	收款人	全　称	江苏常州华宇数字设备有限责任公司
	账　号			账　号	2189－05187778
	开户银行			开户银行	中国银行常州延陵路支行

人民币（大写）：伍拾万元整	千	百	十	万	千	百	十	元	角	分
		¥	5	0	0	0	0	0	0	0

复核：　　　记账：

中国银行
常州延陵路支行
2014.12.10
转
讫

19（1/7）

委托收款凭证（付款通知）

委托号码：第　号

委

委托日期 2014 年 12 月 10 日　　　　付款日期 2014 年 12 月 10 日

付款人	全称	江苏常州华宇数字设备有限责任公司	收款人	全称	常州市自来水公司
	账号	2189－05187778		账号	2289－20195798678
	开户银行	中国银行常州延陵路支行		开户银行	中国建设银行中山北路支行

人民币（大写）：肆仟肆佰肆拾元整	千	百	十	万	千	百	十	元	角	分
				¥	4	4	4	0	0	0

款项	水费	委托收款凭证名称	专用收据	附寄单证张数	1
备注：			付款人注意：		

单位主管：　　　会计：　　　复核：

中国银行
常州延陵路支行
2014.12.10
转
讫

19（2/7）

委托收款凭证（付款通知）

委托号码：第 号

委

委托日期 2014 年 12 月 10 日　　付款日期 2014 年 12 月 10 日

付款人	全 称	江苏常州华宇数字设备有限责任公司	收款人 全 称	常州市供电局
	账 号	2189 - 05187778	账 号	4445678 - 1234567
	开户银行	中国银行常州延陵路支行	开户银行	常州市农村商业银行

人民币（大写）：捌万柒仟捌佰元整	千	百	十	万	千	百	十	元	角	分
			¥	8	7	8	0	0	0	0

款项	电费	委托收款凭证名称	专用发票	附寄单证张数	1
备注：			付款人注意：		

单位主管：　　会计：　　复核：

中国银行 常州延陵路支行 2014.12.10 转讫

19（3/7）

委托收款凭证（付款通知）

委托号码：第 号

委

委托日期 2014 年 12 月 10 日　　付款日期 2014 年 12 月 10 日

付款人	全 称	江苏常州华宇数字设备有限责任公司	收款人 全 称	常州市电信局
	账 号	2189 - 05187778	账 号	45678932389
	开户银行	中国银行常州延陵路支行	开户银行	浦发行常州迎春路支行

人民币（大写）：柒仟壹佰伍拾元整	千	百	十	万	千	百	十	元	角	分
				¥	7	1	5	0	0	0

款项	电话费	委托收款凭证名称	收据	附寄单证张数	1
备注：			付款人注意：		

单位主管：　　会计：　　复核：

中国银行 常州延陵路支行 2014.12.10 转讫

19（4/7）

江苏省电信局电话收费专用收据

开票日期 2014 年 12 月 2 日

<table>
<tr><td rowspan="3">付款人</td><td>全称</td><td>江苏常州华宇数字设备有限责任公司</td><td rowspan="3">收款人</td><td>全称</td><td colspan="10">常州市电信局</td></tr>
<tr><td>账号</td><td>2189-05187778</td><td>账号</td><td colspan="10">45678932389</td></tr>
<tr><td>开户银行</td><td>中国银行常州延陵路支行</td><td>开户银行</td><td colspan="10">浦发行常州迎春路支行</td></tr>
<tr><td colspan="5" rowspan="2">人民币（大写）：柒仟壹捌佰伍拾元整</td><td>千</td><td>百</td><td>十</td><td>万</td><td>千</td><td>百</td><td>十</td><td>元</td><td>角</td><td>分</td></tr>
<tr><td></td><td></td><td></td><td>¥</td><td>7</td><td>1</td><td>5</td><td>0</td><td>0</td><td>0</td></tr>
<tr><td>款项</td><td>电话费</td><td>委托收款凭证名称</td><td colspan="2">收据</td><td colspan="5">附寄单证张数</td><td colspan="5">1</td></tr>
<tr><td colspan="3">备注：</td><td colspan="12">付款人注意：</td></tr>
</table>

（印章：常州市电信局 621081352000001 发票专用章）

单位主管：　　会计：　　复核：

19（5/7）

江苏增值税专用发票

（印章：江苏省 国家税务局监制）

No02548456

33232545057　　**发　票　联**　　开票日期：2014 年 12 月 10 日

<table>
<tr><td>购货单位</td><td colspan="4">名　　称：江苏常州华宇数字设备有限责任公司
纳税人识别号：320405198236
地址、电话：江苏省常州市新北区龙腾路128号 0519-82368888
开户行及账号：中国银行常州延陵路支行 2189-05187778</td><td>密码区</td><td colspan="3">920386/675 -949075 -25/　加密版本：01
/2/85 < > - +319/5 * - +85 +11312　4400061140
> <34/848 > * 5 * - +5 +11312　03268935
*5226 >8 > >2 -815 <4 * > > +5</td></tr>
<tr><td>货物或应税劳务名称</td><td>规格型号</td><td>单位</td><td>数量</td><td>单价</td><td>金额</td><td>税率</td><td>税额</td><td></td></tr>
<tr><td>电费</td><td></td><td></td><td></td><td></td><td>75 042.74</td><td>17%</td><td>12 757.26</td><td></td></tr>
<tr><td>合计</td><td></td><td></td><td></td><td></td><td>¥75 042.74</td><td></td><td>¥12 757.26</td><td></td></tr>
<tr><td>价税合计（大写）</td><td colspan="8">捌万柒仟捌百元整　　（小写）¥87 800.00</td></tr>
<tr><td>销货单位</td><td colspan="4">名　　称：常州市供电局
纳税人识别号：235467985643345
地址、电话：常州市中山南路125号 0519-87651234
开户行及账号：常州市农村商业银行 4445678-1234567</td><td>备注</td><td colspan="3">（印章：常州市供电局 2354679850643345 发票专用章）</td></tr>
</table>

第二联：发票联　购货方记账凭证

收款人：　　复核：　　开票人：胡春喜　　销售单位：常州市供电局

19（6/7）

自来水费收据

常州市国税局监制　文号 28　　　　No. 74567

2014 年 12 月 10 日

用户名称	江苏常州华宇数字设备有限责任公司		地址		新北区龙腾路128号						
水价	上月指针	本月指针	当月用量	项目	金额						
0.88元/吨	174589.55	179635.00	5045.45吨	自来水费	万	千	百	十	元	角	分
					¥	4	4	4	0	0	0
				附加费							
				水资源费							
合计人民币（大写）肆仟肆佰肆拾元整					¥	4	4	4	0	0	0

常州市自来水公司
571822083396
发票专用章

19（7/7）

水费电费电话费分配表

2014 年 12 月 10 日　　　　单位：元

分配去向		水费金额	电费金额	电话费金额	合计
基本生产车间	主板车间				
	硬盘车间				
	显示器车间				
	装配车间				
辅助生产车间	机修车间				
销售部门					
管理部门					
合计					

20（1/4）

江苏增值税专用发票

No02548456

45678945057　　**发　票　联**　　开票日期：2014 年 12 月 10 日

（国家税务局监制 江苏省）

购货单位	名　　称：江苏常州华宇数字设备有限责任公司 纳税人识别号：320405198236 地址、电话：江苏省常州市新北区龙腾路128号 0519－82368888 开户行及账号：中国银行常州延陵路支行 2189－05187778			密码区	920386/675－949075　－25/　加密版本：01 /2/85 < > －　+319/5 ＊　－　+85+11312　4400061140 > <34/848 >　＊ 5　＊－ +5+11312　03268935 ＊5226 >8 > >2－815 <4＊ > > +5		
货物或应税劳务名称	规格型号	单位	数量	单价	金额	税率	税额
包装箱		个	10 000	50	500 000	17%	85 000.00
合计					¥500 000.00		¥85 000.00
价税合计（大写）	伍拾捌万伍仟元整				（小写）¥585 000.00		
销货单位	名　　称：常州瓦楞纸包装材料有限公司 纳税人识别号：4567964321645799 地址、电话：常州戚墅堰桃源路12号 0519－63254512 开户行及账号：中国工商银行常州戚墅堰支行 12345467－56897946321			备注	常州瓦楞纸包装材料有限公司 4567964321645799 发票专用章		

收款人：　　复核：　　开票人：谷佳　　销售单位：常州瓦楞纸包装材料有限公司

第二联：发票联　购货方记账凭证

20（2/4）

江苏增值税专用发票

No02548456

45678945057　　**发　票　联**　　开票日期：2014 年 12 月 10 日

（国家税务局监制 江苏省）

购货单位	名　　称：江苏常州华宇数字设备有限责任公司 纳税人识别号：320405198236 地址、电话：江苏省常州市新北区龙腾路128号 0519－82368888 开户行及账号：中国银行常州延陵路支行 2189－05187778			密码区	920386/675－949075　－25/　加密版本：01 /2/85 < > －　+319/5 ＊　－　+85+11312　4400061140 > <34/848 >　＊ 5　＊－ +5+11312　03268935 ＊5226 >8 > >2－815 <4＊ > > +5		
货物或应税劳务名称	规格型号	单位	数量	单价	金额	税率	税额
包装箱		个	10 000	50	500 000	17%	85 000.00
合计					¥500 000.00		¥85 000.00
价税合计（大写）	伍拾捌万伍仟元整				（小写）¥585 000.00		
销货单位	名　　称：常州瓦楞纸包装材料有限公司 纳税人识别号：4567964321645799 地址、电话：常州戚墅堰桃源路12号 0519－63254512 开户行及账号：中国工商银行常州戚墅堰支行 12345467－56897946321			备注	常州瓦楞纸包装材料有限公司 4567964321645799 发票专用章		

收款人：　　复核：　　开票人：谷佳　　销售单位：常州瓦楞纸包装材料有限公司

第一联：抵扣联　购货方抵扣凭证

20（3/4）

银行承兑汇票

汇票号码
第 7889 号

签发日期（大写）贰零壹肆年 壹拾月 壹拾 日

承兑申请人	全称	银川丝路飞天电脑城		收款人	全称	江苏常州华宇数字设备有限责任公司	
	账号	46598321－7859958			账号	2189－05187778	
	开户银行	中国银行宁夏银川分行营业部	行号		开户银行	中国银行常州延陵路支行	行号

汇票金额	人民币（大写）伍拾万元整	千	百	十	万	千	百	十	元	角	分
			¥	5	0	0	0	0	0	0	0

汇票到期日	2015年4月9日	承兑协议编号	交易合同号 6658

本汇票送你行承兑，并确认《银行承兑办法》和承兑协议的各项规定。

此致

承兑银行

银川丝路飞天电脑城
财务专用章

2014 年 10 月 10 日

科目（借）

对方科目（贷）

汇票收款人盖章

江苏常州华宇数字
设备有限责任公司
财务专用章

转账 2014 年 10 月 12 日

本汇票经本行承兑，到期日由本行支付。

中国银行宁夏银川分行营业部
汇票专用章

2014 年 10 月 10 日

负责经办　　复核　　记账

20（4/4）

银行承兑汇票背面

注意事项：

一、收款人必须将本汇票解讫通知，同时提交开户银行，两者缺一无效。

二、本汇票经背书可以转让。

被背书人	被背书人	被背书人
背书 日期　　年　月　日	背书 日期　　年　月　日	背书 日期　　年　月　日

21

竣工通知单

固定资产编号	固定资产名称	技术改造内容或型号，规格	计量单位	数量	实际价格	施工方式或制造工厂
211	主板生产线		条	1	￥2 700 000	出包工程
开工日期	2009.10.10	预算价				
竣工日期	2009.12.10	可使用年限	10			
固定资产管理部门意见	工程质量符合要求	财会部门参加验收意见	同意固定资产管理部门意见	使用（保管）验收签证	合格	

22（1/2）

中国银行电汇凭证（回单）

□普通　□加急　　　委托日期　2014 年 12 月 10 日

汇款人	全称	江苏常州华宇数字设备有限责任公司	收款人	全称	北京半导体技术研究所
	账号	2189－05187778		账号	567894688689
	汇出地点	江苏省　常州市/县		汇入地点	北京　省　房山　市/县
汇出行名称		中行常州延陵路支行	汇入行名称		农行北京房山支行
金额	人民币（大写）	叁拾陆万元整	亿千百十万千百十元角分		￥36000000

亿	千	百	十	万	千	百	十	元	角	分
		￥	3	6	0	0	0	0	0	0

中国银行
常州延陵路支行
2014.12.10
转讫

支付密码

附加信息及用途：

复核：　　记账：

23（1/3）

江苏增值税专用发票

NO. 0000001

4100104140　　发　票　联　　开票日期：2014/12/10

购货单位	名　称：重庆百脑汇电脑城 纳税人识别号：21845679852 地址、电话：重庆市山城路98号 023-68794567 开户行及账号：华夏银行重庆支行 56789469773583497			密码区	6877789＊&^＊（&%45＊&^）（＊&＊（%（6^^#% #@ # $ @ 342vkh% 43223216 +5456132415？ >< $#@ $#+I28 $ +I51#@ $@ $ +I77@ +I103 +I129#@ Q $ @ #R# 564816#r3w4165151@ #553# $ % #5 +I28&^# $ &^3515618651＊^%651651& $		
货物或应税劳务名称	规格型号	单位	数量	单价	金额	税率	税额
中宇天腾台式电脑		台	200.00	2 500.00	500 000.00	17%	85 000.00
中宇酷腾笔记本电脑		台	100.00	3 300.00	330 000.00	17%	56 100.00
合计					¥830 000.00		¥141 100.00
价税合计（大写）	玖拾柒万壹仟壹佰元整				（小写）¥971 100.00		
销货单位	名　称：江苏常州华宇数字设备有限责任公司 纳税人识别号：320405198236 地址、电话：江苏省常州市新北区龙腾路128号 开户行及账号：中国建设银行常州新北区支行 6352-197511109			备注	江苏常州华宇数字设备有限责任公司 320405198236 发票专用章		

收款人：　　复核：　　开票人：金六期　　销售单位：重庆百脑汇电脑城

第三联：记帐联销货方记帐凭证

23（2/3）

中国建设银行进账单（回单）

2014年12月10日

出票人	全称	重庆百脑汇电脑城	收款人	全称	江苏常州华宇数字设备有限责任公司
	账号			账号	6352-197511109
	开户银行			开户银行	中国建设银行常州新北区支行

金额	人民币（大写）	亿	千	百	十	万	千	百	十	元	角	分
	肆拾万元整			¥	4	0	0	0	0	0	0	0

复核：　　记账：

中国建设银行常州新北区支行 2014.12.10 转讫

23（3/3）

常州市交通运输业通用发票

发票代码：0000000000001

开票日期：2014 年 12 月 10 日　　**发票联**　　发票号码：00000001

机打代码 机打号码 机器编号	234561226551 4562596825 666658942358	密码区	
收货人及纳税人识别号	重庆百脑汇电脑城	承运人及纳税人识别号	XXX物流有限公司
发货人及纳税人识别号	江苏常州华宇数字设备有限责任公司 320405198236	主营税务机关及代码	
运输项目及金额	货物名称　数量　单位运费　计算里程　金额 中宇天腾台式电脑　200 台 中宇酷腾笔记本电脑　100 台	其他项目及金额	备注
运费小计	¥6 000.00	其他费用小计	
合计（大写）	陆仟元整	（小写）	¥6 000.00

开票人：　　　　开票单位签章：

24（1/2）

中国银行进账单（回单）

2014 年 12 月 15 日

出票人	全称	常州龙虎塘仪器厂	收款人	全称	江苏常州华宇数字设备有限责任公司
	账号			账号	6352－197511109
	开户银行			开户银行	中行常州延陵路支行

金额	人民币（大写）	亿	千	百	十	万	千	百	十	元	角	分
	玖仟元整					¥	9	0	0	0	0	0

中国银行
常州延陵路支行
2014.12.15
转讫

复核：　　　　记账：

24（2/2）

固定资产处置审批表

申报单位：机修车间　　　　　　　　　　　　　　　　　　　　编号：20140009

项目/内容/名称	规格型号	单位	单价	数量	起用时间	计划使用年限	已使用年限	合计				备注
								原值	已提折旧	净值	估计残值	
机床		台	30 000	3	2009		5年	30 000	25 000	5 000		
合计												

固定资产状况及处置原因	长期闲置不用		
处置意见	申报单位	审批单位	
	主管部门	财务部门	总经理办公会议
	领导签字： 同意 孙一虎 2015年11月25日	领导签字： 同意 刘坤乾 2015年11月28日	领导签字： 同意 马天腾 2015年12月2日

25（1/2）

银行承兑汇票

出票日期：2014年11月28日　　　　　　　　$\frac{GA}{OJ}$ 180126

出票人	全称	常州黑牡丹毛纺集团	收款人	全称	江苏常州华宇数字设备有限责任公司
	账号	187267－88956788		账号	6352－197511109
	开户银行	浦发行常州天宁区红梅新村支行		开户银行	中国建设银行常州新北区支行

金额	人民币（大写）	亿	千	百	十	万	千	百	十	元	角	分
	叁佰万元整		¥	3	0	0	0	0	0	0	0	0

汇票到期日	贰零壹伍年肆月贰拾柒日	付款行	行号	
承兑协议编号				

本汇票请你行承兑，到期无条件付款。 常州黑牡丹毛纺集团 财务专用章	本汇票已承兑，到期日将由本行支付。 浦发行常州天宁区红梅新村支行 汇票专用章 承兑日期 2105年11月28日	
	备注	复核：　　记账：

25（2/2）

贴现凭证（收账通知）

填写日期：2014 年 12 月 16 日　　　　第　号

贴现汇票	种类	银票	号码	180126	申请人	名称	江苏常州华宇数字设备有限责任公司						
	出票日	2014 年 11 月 28 日				账号	6352－197511109						
	到期日	2015 年 04 月 27 日				开户银行	中国建设银行常州新北区支行						
汇票承兑人名称	常州黑牡丹毛纺集团		账号	187267－88956788		开户银行	浦发行常州天宁区红梅新村支行						
汇票金额	人民币（大写）叁佰万元整					千	百	十	万	千	百	十	元	角	分
						¥	3	0	0	0	0	0	0	0	0
贴现率 8%	贴现利息	114100.00 元	实付贴现金额			千	百	十	万	千	百	十	元	角	分
						¥	2	8	8	5	9	0	0	0	0

上述款项已入你单位账户

此致

2014 年 12 月 16 日

中国建设银行常州新北区支行 2014.12.16 转讫

26（1/2）

吉林省增值税专用发票

NO. 0000002

4100104142　　**发　票　联**　　开票日期：2014/12/17

购货单位	名　称：江苏常州华宇数字设备有限责任公司 纳税人识别号：320405198236 地址、电话：江苏省常州市新北区龙腾路 128 号 开户行及账号：中国建设银行常州新北区支行			密码区	6877789＊&^＊（&%45＊&^）（＊&＊（%（6^^ #%#@#$@342vkh%43223216＋5456132415？ > < $#@ $#＋I28 $ ＋I51#@ $@ $ ＋I77@ ＋I103 ＋I129#@ Q $ @ #R#564816#r3w4165151@#553# $%#5＋I28&^#$&^3515618651＊^%651651&$		
货物或应税劳务名称	规格型号	单位	数量	单价	金额	税率	税额
奥迪 A6 汽车		辆	1.00	300 000.00	¥300 000.00	17%	¥51 000.00
合计					¥300 000.00		¥51 000.00
价税合计（大写）	叁拾伍万壹仟元整				（小写）¥351 000.00		
销货单位	名　称：吉林省长春市第一汽车制造厂 纳税人识别号：25863495 地址、电话：吉林省长春市解放路 9 号 0139－4444448 开户行及账号：工行吉林长春吉安路支行 16787690309			备注	吉林省长春市第一汽车制造厂 25863495 发票专用章		

收款人：　　复核：　　开票人：周长春　　销售单位：吉林省长春市第一汽车制造厂

26（2/2）

中国建设银行电汇凭证（回单）

☐普通 ☐加急　　　　委托日期 2014 年 12 月 17 日

汇款人	全称	江苏常州华宇数字设备有限责任公司	收款人	全称	吉林省长春市第一汽车制造厂
	账号	6352－197511109		账号	16787690309
	汇出地点	江苏省 常州市/县		汇入地点	吉林 省 长春 市/县
汇出行名称		中国建设银行常州新北区支行	汇入行名称		工行吉林长春吉安路支行
金额	人民币（大写）	叁拾伍万壹仟元整			

亿	千	百	十	万	千	百	十	元	角	分
		¥	3	5	1	0	0	0	0	0

中国建设银行
常州新北区支行
2014.12.17
转
讫

支付密码

附加信息及用途：

复核：　　记账：

27

中国银行企业借款借据（还款通知）

借款企业名称：华宇公司　　　　2014 年 12 月 18 日

贷款种类	流动资金借款	贷款账号	8412569813	存款账号	2189－05187778
借款金额	人民币（大写）壹佰零壹万壹仟伍佰元整				
借款用途	流动资金借款				
约定还款期限：	期限3个月	于 2014 年 12 月 18 日到期			

亿	千	百	十	万	千	百	十	元	角	分
	¥	1	0	1	1	5	0	0	0	0

上述借款已从你单位账户划出

此致

中行常州延陵路支行
业务受理章

单位分录

（借）

主管　　会计　　复核　　记账

年　月　日

28

江苏省服务业专用发票

发　票　联

发票代码 000000003
发票号码 00045
密码 [redacted]
信息码 000000000000

税务登记号：85797777777
收款单位：常州新北区长兴楼酒店
付款单位（个人）：江苏常州华宇数字设备有限责任公司

经营项目	金额
餐费、住宿费	￥2 800.00
金额合计（人民币大写）	贰仟捌佰元整
机打票号：00045	税控装置号：00001
税控装置防伪码：78542256	开票日期：2014 年 12 月 19 日

发票联

收款单位（盖章有效）　　税控装置打印发票手撕无效

常州新北区长兴楼酒店
85797777777
发票专用章

29

中国银行进账单（回单）

2014 年 12 月 21 日

出票人	全称	Dr. Richard Richy	收款人	全称	江苏常州华宇数字设备有限责任公司
	账号	6530 2748 9976 0028		账号	6352 - 197511109
	开户银行	CitiBank San - Francisco Branch		开户银行	中行常州延陵路支行

金额	人民币（大写）	亿	千	百	十	万	千	百	十	元	角	分
	壹仟贰佰伍拾陆万元整	￥	1	2	5	6	0	0	0	0	0	0

复核：　　记账：

中国银行
常州延陵路支行
2014.12.21
转
讫

30

中国银行进账单（回单）

2014 年 12 月 22 日

出票人	全称	江苏丹阳天能高新材料有限公司	收款人	全称	江苏常州华宇数字设备有限责任公司
	账号			账号	6352－197511109
	开户银行			开户银行	中行常州延陵路支行

金额	人民币（大写）	亿	千	百	十	万	千	百	十	元	角	分
	伍佰万元整		¥	5	0	0	0	0	0	0	0	0

复核： 记账：

中国建设银行
常州新北区支行
2014.12.22
转
讫

31（1/4）

中国建设银行常州新北区支行
利息专用凭证（通知单）

付款人	全称	中国建设银行常州新北区支行	收款人	全称	江苏常州华宇数字设备有限责任公司
	账号			账号	6352－197511109
	开户行			开户行	中国建设银行常州新北区支行

金额	人民币（大写）	千	百	十	万	千	百	十	元	角	分
	贰仟贰佰捌拾捌元整				¥	2	2	8	8	0	0

计息期	2014.09.22－2014.12.21			
利率				
计息账户	账号	6352－197511109	户名	江苏常州华宇数字设备有限责任公司

复核员： 记账员：

中国建设银行
常州新北区支行
2014.12.21
转
讫

此联由银行送交存户做结息单

31（2/4）

中国银行常州延陵路支行
利息专用凭证（通知单）

<table>
<tr><td rowspan="3">付款人</td><td>全称</td><td colspan="2">中国银行常州延陵路支行</td><td rowspan="3">收款人</td><td>全称</td><td colspan="10">江苏常州华宇数字设备有限责任公司</td></tr>
<tr><td>账号</td><td colspan="2"></td><td>账号</td><td colspan="10">2189 - 05187778</td></tr>
<tr><td>开户行</td><td colspan="2"></td><td>开户行</td><td colspan="10">中国银行常州延陵路支行</td></tr>
<tr><td colspan="2" rowspan="2">金额</td><td colspan="4" rowspan="2">人民币（大写）叁仟叁佰捌拾捌元整</td><td>千</td><td>百</td><td>十</td><td>万</td><td>千</td><td>百</td><td>十</td><td>元</td><td>角</td><td>分</td></tr>
<tr><td></td><td></td><td></td><td>¥</td><td>3</td><td>3</td><td>8</td><td>8</td><td>0</td><td>0</td></tr>
<tr><td colspan="2">计息期</td><td colspan="4">2014. 09. 22-2014. 12. 21</td><td colspan="10" rowspan="3">中国银行
常州延陵路支行
2014. 12. 22
转
讫
复核员：　　　记账员：</td></tr>
<tr><td colspan="2">利率</td><td colspan="4"></td></tr>
<tr><td colspan="2">计息账户</td><td>账号</td><td>2189 - 05187778</td><td>户名</td><td>江苏常州华宇数字设备有限责任公司</td></tr>
</table>

此联由银行送交存户做结息单

31（3/4）

中国建设银行借款利息通知书

2014 年 12 月 22 日

户名	账户	计息期	累计积数	利率	利息额
江苏常州华宇数字设备有限责任公司	6352-197511109	2014 年 9 月 22 日—12 月 21 日	946719		¥18 106
人民币（大写）壹万捌仟壹佰零陆元					
上列借款利息已如数从你单位账户转出					

中国建设银行
常州新北区支行
2014. 12. 22
转
讫

31（4/4）

中国银行借款利息通知书

2014 年 12 月 22 日

户名	账户	计息期	累计积数	利率	利息额
江苏常州华宇数字设备有限责任公司	2189－05187778	2014 年 9 月 22 日—12 月 21 日	1966018		￥150 400
人民币（大写）拾伍万零肆佰元整					
上列借款利息已如数从你单位账户转出					

中国银行
常州延陵路支行
2014.12.22
转
讫

32（1/5）

01076632	常州	售
南京——→广州		Z201 次
2014 年 12 月 7 日	8：00 开	06 车 06 号上铺
全价 1 750.00 元		新空调硬卧
限乘当日当次车		
在 4 日内有效	王佳城	360＊＊＊＊1526

086363265	广州	售
广州——→南京		Z202 次
2014 年 12 月 7 日	8：00 开	07 车 01 号上铺
全价 1 750.00 元		新空调硬卧
限乘当日当次车		
在 4 日内有效	王佳城	360＊＊＊＊1526

32（2/5）

江苏省常州市客运统一发票
发票联（章）

常州——→南京
售票点：常州汽车西站 检票口 5
班次 3112 次 座位 19 票价￥490
乘车日期 2014 年 12 月 7 日 6：00

江苏省常州市客运统一发票
发票联（章）

南京——→常州
售票点：南京汽车总站 检票口 8
班次 4352 次 座位 2 票价￥490
乘车日期 2014 年 12 月 22 日 1：00

32（3/5）

广东省广州市服务业专用发票

客户：江苏常州华宇数字设备有限责任公司　　2014 年 12 月 21 日　　粤地税：NO0017894

摘要	入住日期	起止日期	天数	单价	金额							备注
					万	千	百	十	元	角	分	
住宿	12.8	12.8～12.21	15	100	￥	1	5	1	0	0	0	
小写金额合计：					￥	1	5	1	0	0	0	
合计人民币（大写）壹仟伍佰壹拾元整												

单位：汉庭快捷酒店广州白云路店　　收款员：张琪

汉庭快捷酒店广州白云路店
78562432995
发票专用章

32（4/5）

收 据

2014 年 12 月 22 日 NO：0000001

今收到 王佳城

人民币（大写） 壹仟肆佰壹拾元整 ¥1 410.00

系付 差旅预借退款

单位盖章 江苏常州华宇数字设备有限责任公司财务专用章

会计： 出纳：张佳仪 收款：

32（5/5）

出差审批表

编号：0000145

申请人	王佳城	所属部门	质检部	申请时间	2014 年 12 月 22 日
随行人员	无				
出差事由	外出学习				
出差时间：自2014 年12 月7 日至2014 年12 月22 日；共计15 日。					
出差地点：广州			拟乘交通工具：汽车、火车		
部门经理意见	同意 签字：刘坤乾				
主管领导意见	同意 签字：赵顺义				
总经理意见	同意 签字：周全福				

33（1/2）

中国建设银行银行汇票申请书（存根）

申请日期 2014 年 12 月 25 日　　　　NO：00001

申请人	江苏常州华宇数字设备有限责任公司	收款人	中国红十字会总会										
账号	2189 - 05187778	账号	0000 - 00000001										
用途	新疆地震救灾捐款		千	百	十	万	千	百	十	元	角	分	
金额	人民币（大写）叁万元整				¥	3	0	0	0	0	0	0	
备注：		支付密码											
		会计　　复核　　经办											

此联申请人留存

中国建设银行 常州新北区支行 2014.12.25 转 讫

33（2/2）

中　国　红　十　字　总　会

RED CROSS SOCIETY OF CHINA

关于收到江苏常州华宇数字设备有限责任公司转来新疆地震救灾捐款的确认函

江苏常州华宇数字设备有限责任公司：

截止 2014 年 12 月 25 日，共收到建行电汇转账“新疆地震救灾捐款”人民币叁万元整（¥30 000.00 元）。

上述款项已全部汇入我会捐款账户，全部善款将统一分配使用于新疆地震救灾，我们将定期公布由德勤华永会计师事务所审计的资金使用报告，同时，国家审计署也会对我会地震灾害款项使用情况进行审计。

感谢江苏常州华宇数字设备有限责任公司为灾区人民作出的贡献。

中国红十字会总会 事业发展部

二〇一四年十二月二十五日

34

2014 年12 月工资结算汇总表

单位：江苏常州华宇数字设备有限责任公司　　　　制表日期：2014 年 12 月 26 日

部门			基本工资	各种津贴	奖金	应扣病事假工资	应发合计	社保公积个人承担部分				个人所得税	扣发合计	实发工资
								养老保险（8%）	医疗保险（2%）	失业保险（0.5%）	住房公积金（8%）			
基本生产车间	主板车间	工人	82 000	10 000	10 000		102 000	8 160	2 040	510	8 160	3 600	22 470	79 530
		管理人员	8 000	1 000	1 000		10 000	800	200	50	800	350	2 200	7 800
		小计	90 000	11 000	11 000		112 000	8 960	2 240	560	8 960	3 950	24 670	87 330
	硬盘车间	工人	86 000	10 000	15 000		111 000	8 880	2 220	555	8 880	3 700	24 235	86 765
		管理人员	8 500	1 000	1 500		11 000	880	220	55	880	360	2 395	8 605
		小计	94 500	11 000	16 500		122 000	9 760	2 440	610	9 760	4 060	26 630	95 370
	显示器车间	工人	110 000	20 000	20 000		150 000	12 000	3 000	750	12 000	3 900	31 650	118 350
		管理人员	10 000	2 000	2 000		14 000	1 120	280	70	1 120	390	2 980	11 020
		小计	120 000	22 000	22 000		164 000	13 120	3 280	820	13 120	4 290	34 630	129 370
	装配车间	工人	115 000	20 000	20 000		155 000	12 400	3 100	775	12 400	3 950	32 625	122 375
		管理人员	11 000	2 000	2 000		15 000	1 200	300	75	1 200	395	3 170	11 830
		小计	126 000	22 000	22 000		170 000	13 600	3 400	850	13 600	4 345	35 795	134 205
辅助生产车间	机修车间	工人	26 500	1 000	1 000		28 500	2 280	570	142.5	2 280	420	5 692.5	22 808
		管理人员	7 000	1 000	1 000		9 000	720	180	45	720	390	2 055	6 945
		小计	33 500	2 000	2 000		37 500	3 000	750	187.5	3 000	400	7 337.5	30 162.5
仓库	原材料仓库	管理人员	11 500	1 500	1 500		14 500	1 160	290	72.5	1 160	1 210	3 892.5	10 607.5
	半成品仓库	管理人员	10 500	1 000	1 000		12 500	1 000	250	62.5	1 000	950	3 262.5	9 237.5
	产成品仓库	管理人员	11 600	1 000	1 000	100	13 500	1 080	270	67.5	1 080	870	3 367.5	10 132.5
	小计		33 600	3 500	3 500	100	40 500	3 240	810	202.5	3 240	1 820	9 312.5	31 187.5
管理部门	销售人员		105 000	10 000	40 000		155 000	12 400	3 100	775	12 400	5 500	34 175	120 825
	行政管理人员		126 800	5 000	10 000	600	141 200	11 296	2 824	706	11 296	2 000	28 122	113 078
合计			729 400	86 500	127 000	700	942 200	75 376	18 844	4 711	75 376	26 365	200 672	741 528

制表：胡宁宁

35（1/2）

收料凭证汇总表

年　月　日　　　　单位：元

购入		材料名称	数量	单位	单价	总价
月	日					
12	2	GE 材料	1 000	平方米	60.00	60 000.00
		PCB 板	5 000	平方米	100.00	500 000.00
		金属薄膜材料	200	千克	80.00	16 000.00
12	8	天然橡胶	10 000	千克	10.65	106 500.00
		合成橡胶	8 000	千克	10.27	82 160.00
		合计				¥764 660.00

制表：赵城炎

35（2/2）

收　货　单

类别	申请号码	厂商名称	约交日期	收货日期	统一发票号码
√材料　□半成品　□成品				12 月 31 日	

项次	订单号码	品名规格	材料编号	申请数量	单位	实收		单价	金额	累计数量
						数量	件数			
1		GE 材料			平方米	1 000		60	60 000.00	
2		PCB 板			平方米	5 000		100	500 000.00	
3		金属薄膜材料			千克	200		80	16 000.00	
4		天然橡胶			千克	10 000		10.65	106 500.00	
5		合成橡胶			千克	2 000		10.27	8 216.00	

说明		检验结果	合格	收货部门	部门	原材料库
					经办	张德全

36

发料凭证汇总表

2014 年 12 月 31 日　　　　单位：元

	主板车间		硬盘车间		显示器车间		装配车间		机修车间		管理部门		合计
	数量	金额	数量	金额	数量	金额	数量	金额	数量	金额	数量	金额	
PCB 板		520 000											
GE 材料				49 000									
金属薄膜						12 000							
天然橡胶								88 000					
合成橡胶								362 000		78 000			
其他		280 000		1 951 000		938 000						200	
合计		800 000		2 000 000		950 000		450 000		78 000		200	4 278 200

制表：赵城炎

37（1/2）

材料盘亏盘盈报告表

2014 年 12 月 31 日　　　　单位：元

名称及规格	单位	单价	账存		实存		盘盈		盘亏		差异	原因
			数量	金额	数量	金额	数量	金额	数量	金额		
主板	个	900							20	18 000		
天然橡胶	千克	10					100	1 000				
合计							100	1 000	20	18 000		

制表：张德全

37（2/2）

财产盘盈盘亏报告批复

财务部：

报告盘盈材料天然橡胶 1 000 元，盘亏材料主板 18 000 元。经总经理办公会议研究决定，同意盘盈的冲减管理费用，盘亏的增加管理费用。

（印章：江苏常州华宇数字设备有限责任公司）

2014 年 12 月 31 日

38

中国银行业务收费凭证

币别：人民币　　2014 年 12 月 31 日　　流水号：000000000001

付款人	江苏常州华宇数字设备有限责任公司		账号	2189－05187778	
项目名称	工本费	手续费	电子汇划费		金额
现金支票	40.00				40.00
转账支票	40.00				40.00
金额（大写）人民币捌拾元整					¥80.00
付款方式	银行划转				
业务类型：对公收费					

第二联 客户回单

（印章：中国银行 常州延陵路支行 2014.12.31 转讫）

会计主管：　　复核：　　记账：李明

39

固定资产折旧计提表

2014 年 12 月 31 日　　单位：万元

部门		机器设备		房屋及建筑物		运输设备		当月折旧合计
		原值	月折旧额	原值	月折旧额	原值	月折旧额	
基本生产车间	主板车间	5 000	50	2 000	10	28	0.28	60.28
	硬盘车间	3 000	30	2 500	12.5	25	0.25	42.75
	显示器车间	4 000	40	2 300	11.5	35	0.35	51.85
	装配车间	3 500	35	2 600	12	30	0.3	47.3
	小计	15 500	155	9 400	46	118	1.18	202.18
辅助生产车间	机修车间	500	5	250	1.25	15	0.15	6.4
仓库	原材料仓库	80	0.8	260	1.2	150	1.5	3.5
	半成品仓库	75	0.75	240	1.15	160	1.6	3.5
	产成品仓库	85	0.85	280	1.4	180	1.8	4.05
	小计	240	2.4	780	3.75	490	4.9	11.05
管理部门	销售部	80	0.8	550	2.75	55	0.55	4.1
	行政管理部门	60	0.6	4 500	22.5	180	1.8	24.9
合计		16 380	163.8	15 480	76.25	858	8.58	248.63

制表：赵城炎

40

机修车间制造费用明细表

2014 年 12 月 31 日

项目	五险一金	工作服	水电电话费	工资	折旧			合计
金额	3 465.00	4 500.00	10 650.00	9 000.00	64 000.00			91 615.00

制表：赵城炎

41

辅助生产费用分配表

受益部门	生产工时	分配率	应分配费用	备注
主板车间	350	35%	83 543.25	
硬盘车间	280	28%	66 834.60	
显示器车间	220	22%	52 512.90	
装配车间	150	15%	35 804.25	
合计	1 000	100%	238 695.00	

制表：赵城炎

42

制造费用分配表

受益部门	生产工时	分配率	应分配费用	备注
主板车间			751 793.25	
硬盘车间			571 069.60	
显示器车间			649 952.90	
装配车间			608 029.25	
合计			2 580 548.00	

制表：赵城炎

43（1/4）

成本计算表（一）

期初在产品数量：1 111

单位：主板车间　　本期完工产品数量：2 500

品名：主板　　2014 年 12 月 31 日　　期末在产品数量：1 200

成本项目	直接材料	直接人工	制造费用	合计
期初在产品				1 000 000. 00
本期发生额				2 692 293. 50
生产费用				3 692 293. 50
完工半成品单位成本				868. 48
完工半成品总成本				2 171 204. 44
期末在产品成本				1 521 089. 06
合　计				

制表：赵城炎

43（2/4）

成本计算表（二）

期初在产品数量：3 571

单位：硬盘车间　　本期完工产品数量：8 000

品名：硬盘　　2014 年 12 月 31 日　　期末在产品数量：1 000

成本项目	直接材料	直接人工	制造费用	合计
期初在产品				2 000 000. 00
本期发生额				4 724 419. 60
生产费用				6 724 419. 60
完工半成品单位成本				555. 81
完工半成品总成本				4 446 512. 56
期末在产品成本				2 277 907. 04
合　计				

制表：赵城炎

43（3/4）

成本计算表（三）

期初在产品数量：2 000
本期完工产品数量：2 900
期末在产品数量：800

单位：显示器车间
品名：显示器　　2014 年 12 月 31 日

成本项目	直接材料	直接人工	制造费用	合计
期初在产品				3 000 000.00
本期发生额				4 803 852.90
生产费用				7 803 852.90
完工半成品单位成本				1 455.71
完工半成品总成本				4 221 567.70
期末在产品成本				3 582 285.20
合　计				

制表：赵城炎

43（4/4）

半成品入库汇总表

移交单位：加工车间　　2014 年 12 月 31 日

产品名称	计量单位	交付数量	实收数量	金额
主板	个	2 500	2 500	2 171 204.44
硬盘	个	8 000	8 000	4 446 512.56
显示器	台	2 900	2 900	4 221 567.70
合计				10 839 284.70

车间主任：黄一平　　保管：冯秀琼　　制表：赵城炎

44（1/3）

产成品成本计算表（一）

期初在产品数量：905

单位：装配车间　　　　　　　　　　　　　　　　　　　　本期完工数量：1 800

品名：中宇天腾台式电脑　　　　2014 年 12 月 31 日　　　　期末在产品数量：500

成本项目	直接材料	直接人工	制造费用	合计
期初在产品				1 900 000.00
本期发生额				4 398 767.25
生产费用合计				6 298 767.25
完工产品总成本				3 862 332.22
完工产品单位成本				2 145.74
期末在产品成本				2 436 435.03
合　计				

制表：赵城炎

44（2/3）

产成品成本计算表（二）

期初在产品数量：875

单位：装配车间　　　　　　　　　　　　　　　　　　　　本期完工数量：1 000

品名：中宇酷腾笔记本电脑　　　　2014 年 12 月 31 日　　　　期末在产品数量：600

成本项目	直接材料	直接人工	制造费用	合计
期初在产品				2 100 000.00
本期发生额				3 060 012.00
生产费用合计				5 160 012.00
完工产品总成本				2 353 855.38
完工产品单位成本				2 353.86
期末在产品成本				2 806 156.62
合　计				

制表：赵城炎

44（3/3）

库存商品入库汇总表

移交单位：装配车间　　　　2014 年 12 月 31 日

产品名称	计量单位	交付数量	实收数量	金额
中宇天腾台式电脑	台	1 800	1 800	3 862 332. 22
中宇酷腾笔记本电脑	台	1 000	1 000	2 353 855. 38
合　计				6 216 187. 60

车间主任：钮牛　　　　保管：马龙　　　　制表：赵城炎

45（1/2）

库存商品出库单汇总表

2014 年 12 月 31 日　　　　单位：元

业务号	产品名称	计量单位	数量	单位成本	总售价	总成本
7#、23#	中宇天腾台式电脑	台	1 000	2 149. 51	2 500 000	2 149 505. 85
7#、23#	中宇酷腾笔记本电脑	台	200	2 400. 00	680 000	480 000. 00
	合　计				3 180 000	2 629 505. 85

制表：赵城炎

45（2/2）

主营业务成本计算表

2014 年 12 月 31 日　　单位：元

项目	计量单位	销售数量	金额	
			单位成本	总成本
中宇天腾台式电脑	台	1 000	2 149.51	2 149 505.85
中宇酷腾笔记本电脑	台	200	2 400.00	480 000.00
合　计				2 629 505.85

制表：赵城炎

46（1/4）

存货跌价准备计提表

单位：元

项目	准备账户期初数	本期增加数	本期减少数	按规定比例提取数
金额		12 000.00		12 000.00

制表：胡宁宁

46（2/4）

固定资产减值准备计提表

单位：元

项目	准备账户期初数	本期增加数	本期减少数	按规定比例提取数
金额		22 000.00		22 000.00

制表：胡宁宁

46（3/4）

长期股权投资减值准备计提表

单位：元

项目	准备账户期初数	本期增加数	本期减少数	按规定比例提取数
金额		12 000.00		12 000.00

制表：胡宁宁

46（4/4）

无形资产减值准备计提表

单位：元

项目	准备账户期初数	本期增加数	本期减少数	按规定比例提取数
金额		4 000.00		4 000.00

制表：胡宁宁

47（1/2）

坏账准备计提表

单位：元

项目	准备账户期初数	本期增加数	本期减少数	按规定比例提取数
金额		35 000.00		35 000.00

制表：胡宁宁

47（2/2）

坏账核销批复

财务部门：

经总经理办公会议讨论决定，同意核销北京昌平京城现代电脑销售公司一笔三年以上坏账30 000元。

此复

2014年12月30日

48（1/3）

城市维护建设税纳税申报表

纳税人识别号　　　　　　　　　　　　金额单位：元（列至角分）

<table>
<tr><td colspan="3">纳税人名称</td><td colspan="4">税款所属时期</td></tr>
<tr><td>计费依据</td><td>计税金额</td><td>附加税率</td><td>应征费额</td><td>已征费额</td><td colspan="2">欠（退）费额</td></tr>
<tr><td>1</td><td>2</td><td>3</td><td>4 =1 +3</td><td>5</td><td colspan="2">6 =4 -5</td></tr>
<tr><td>增值税</td><td></td><td></td><td></td><td></td><td colspan="2"></td></tr>
<tr><td>消费税</td><td></td><td></td><td></td><td></td><td colspan="2"></td></tr>
<tr><td>合计</td><td></td><td></td><td></td><td></td><td colspan="2"></td></tr>
<tr><td colspan="3">如纳税人填表，由纳税人填写以下各栏</td><td colspan="3">如委托代理人填表，由代理人填写以下各栏</td><td>备注</td></tr>
<tr><td rowspan="3">会计主管
（签章）</td><td rowspan="3">经办人
（签章）</td><td rowspan="3">纳税人
（签章）</td><td>代理人名称</td><td></td><td rowspan="3">代理人
（签章）</td><td rowspan="3"></td></tr>
<tr><td>代理人地址</td><td></td></tr>
<tr><td>经办人</td><td>电话</td></tr>
<tr><td colspan="7">以下由税务机关填写</td></tr>
<tr><td>收到申报日期</td><td colspan="2"></td><td>接收人</td><td colspan="3"></td></tr>
</table>

48（2/3）

教育费附加纳税申报表

纳税人识别号：　　　　　　　　　　　　　　　　　　　　　　　　金额单位：元（列至角分）

<table>
<tr><td colspan="3">纳税人名称</td><td colspan="4">税款所属时期</td></tr>
<tr><td>计费依据</td><td>计税金额</td><td>附加税率</td><td>应征费额</td><td>已征费额</td><td colspan="2">欠（退）费额</td></tr>
<tr><td>1</td><td>2</td><td>3</td><td>4 = 1 + 3</td><td>5</td><td colspan="2">6 = 4 − 5</td></tr>
<tr><td>增值税</td><td></td><td></td><td></td><td></td><td colspan="2"></td></tr>
<tr><td>消费税</td><td></td><td></td><td></td><td></td><td colspan="2"></td></tr>
<tr><td>合计</td><td></td><td></td><td></td><td></td><td colspan="2"></td></tr>
<tr><td colspan="3">如纳税人填表，由纳税人填写以下各栏</td><td colspan="3">如委托代理人填表，由代理人填写以下各栏</td><td>备注</td></tr>
<tr><td rowspan="3">会计主管
（签章）</td><td rowspan="3">经办人
（签章）</td><td rowspan="3">纳税人
（签章）</td><td>代理人名称</td><td></td><td rowspan="3">代理人
（签章）</td><td rowspan="3"></td></tr>
<tr><td>代理人地址</td><td></td></tr>
<tr><td>经办人</td><td>电话</td></tr>
<tr><td colspan="7">以下由税务机关填写</td></tr>
<tr><td>收到申报日期</td><td colspan="2"></td><td>接收人</td><td colspan="3"></td></tr>
</table>

48（3/3）

增值税纳税申报表

（适用于增值税一般纳税人）

根据《中华人民共和国增值税暂行条例》第二十二条和第二十三条的规定制定本表。纳税人不论有无销售额，均应按主管税务机关核定的纳税期限按期填报本表，并于次月一日起十日内，向当地税务机关申报。

税款所属时间：自　　年　月　日至　　年　月　日　　　　　　　　　　金额单位：元至角分

纳税人识别号					所属行业：	
纳税人名称		法定代表人姓名		注册地址		营业地址
开户银行及账号		企业登记注册类型		有限公司		电话号码

项目		栏次	一般货物及劳务		即征即退货物及劳务	
			本月数	本年累计	本月数	本年累计
销售额	（一）按适用税率征税货物及劳务销售额	1			-	-
	其中：应税货物销售额	2				
	应税劳务销售额	3				
	纳税检查调整的销售额	4				
	（二）按简易征收办法征税货物销售额	5				
	其中：纳税检查调整的销售额	6				
	（三）免、抵、退办法出口货物销售额	7			-	-
	（四）免税货物及劳务销售额	8			-	-
	其中：免税货物销售额	9			-	-
	免税劳务销售额	10			-	-
税款计算	销项税额	11				
	进项税额	12				
	上期留抵税额	13		-		-
	进项税额转出	14				
	免抵退货物应退税额	15			-	-
	按适用税率计算的纳税检查应补缴税额	16			-	-
	应抵扣税额合计	17 = 12 + 13 - 14 - 15 + 16		-	-	-
	实际抵扣税额	18（如 17 < 11，则为 17，否则为 11）				
	应纳税额	19 = 11 - 18			-	
	期末留抵税额	20 = 17 - 18		-	-	-
	简易征收办法计算的应纳税额	21				
	按简易征收办法计算的纳税检查应补缴税额	22			-	-
	应纳税额减征额	23				
	应纳税额合计	24 = 19 + 21 - 23	-		-	

续表

项目		栏次	一般货物及劳务		即征即退货物及劳务	
			本月数	本年累计	本月数	本年累计
税款缴纳	期初未缴税额（多缴为负数）	25				
	实收出口开具专用缴款书退税额	26			–	–
	本期已缴税额	27 = 28 + 29 + 30 + 31	–		–	
	①分次预缴税额	28		–		–
	②出口开具专用缴款书预缴税额	29		–	–	–
	③本期缴纳上期应纳税额	30				
	④本期缴纳欠缴税额	31				
	期末未缴税额（多缴为负数）	32 = 24 + 25 + 26 – 27	–		–	
	其中：欠缴税额（≥0）	33 = 25 + 26 – 27	–	–	–	–
	本期应补（退）税额	34 = 24 – 28 – 29	–	–	–	–
	即征即退实际退税额	35	–	–		
	期初未缴查补税额	36			–	–
	本期入库查补税额	37			–	–
	期末未缴查补税额	38 = 16 + 22 + 36 – 37	–		–	–

授权声明	如果你已委托代理人申报，请填写下列资料： 为代理一切税务事宜，现授权 （地址）为本纳税人的代理申报人，任何与本申报表有关的往来文件，都可寄予此人。 授权人签字：	申报人声明	此纳税申报表是根据《中华人民共和国增值税暂行条例》的规定填报的，我相信它是真实的、可靠的、完整的。 声明人签字：

以下由税务机关填写：

收到日期：　　　　接收人：　　　　主管税务机关盖章：

49

租赁协议

出租人：江苏常州华宇数字设备有限责任公司（以下简称甲方）

承租人：常州天宁电器超市（以下简称乙方）

根据《中华人民共和国合同法》等有关法律、法规的规定，双方就租赁地址位于伏魔路 88 号的门面房五间从事电器销售的有关事宜经协商达成协议如下：

1. 合同租金：每月每间一万元人民币共计人民币伍万元/月。租金应于每月 15 日之前由乙方向甲方支付。乙方水电费自理。

2. 乙方应服从甲方的管理。爱护并合理使用场地内的各项设施，如需改动应先征得甲方同意，造成损坏的还应承担修复或赔偿责任。

3. 乙方禁止将场地转让给第三人或和其他租户交换场地的。

4. 建筑物外立面及建筑物内部非乙方承租场地范围内的广告发布权归甲方所有，未经甲方同意，乙方不得以任何形式在上述范围内进行广告宣传。

5. 租赁期间，乙方不得改变租赁物的用途。

本协议未尽事宜，依照有关法律、法规执行，法律、法规未作规定的，甲乙双方可以达成书面补充协议。本协议的附件和补充协议均为本协议不可分割的组成部分，与本协议具有同等的法律效力。

本协议自双方或双方法定代表人或其授权代表人签字并加盖公章之日起生效。有效期为二年，自2014 年1 月1 日至2015 年12 月31 日。本协议正本一式贰份，双方各执壹份，具有同等法律效力。

甲方（盖章）：

乙方（盖章）：

授权代表人（签字）：马天腾

2014 年 1 月 1 日

授权代表人（签字）：羊去疯

2014 年 1 月 1 日

50

无形资产摊销明细表

编制单位：　　　　2014 年 12 月 31 日　　　　金额单位：元

序号	项目	入账时间	原值	摊销年限	已摊销月份	当月摊销额	累计摊销额
1	商标权	2013. 04. 08	1 200 000. 00	5	20	10 000. 00	210 000. 00
2	专利权	2014. 12. 10	360 000. 00	5	0	6 000. 00	6 000. 00
合计						16 000. 000	216 000. 00

制表：胡宁宁

51（1/11）

主营业务收入汇总表

2014 年 12 月 31 日　　　　单位：元

销售产品名称	计量单位	销售数量	销售单价	销售金额
中宇天腾台式电脑	台	1 000		2 500 000. 00
中宇酷腾笔记本电脑	台	200		680 000. 00
合　计		1 200		3 180 000. 00

制表：胡宁宁

51（2/11）

其他业务收入汇总表

2014 年 12 月 31 日　　单位：元

业务号	项目	金额
12	主板	345 000. 00
12	显示器	210 000. 00
12	硬盘	180 000. 00
49	门店租赁收入	50 000. 00
合　计		785 000. 00

制表：胡宁宁

51（3/11）

营业外收入汇总表

2014 年 12 月 31 日　　单位：元

业务号	项目	金额
24	机床	3 700. 00
合　计		3 700. 00

制表：胡宁宁

51（4/11）

投资收益汇总表

2014 年 12 月 31 日　　单位：元

业务号	项目	金额
3	现金股利	50 000.00
合　计		50 000.00

制表：胡宁宁

51（5/11）

主营业务成本汇总表

2014 年 12 月 31 日　　单位：元

业务号	项目	金额
45	中宇天腾台式电脑	2 149 505.85
45	中宇酷腾笔记本电脑	480 000.00
合　计		2 629 505.85

制表：胡宁宁

51（6/11）

营业税金及附加汇总表

2014 年 12 月 31 日　　单位：元

业务号	项目	金额
48	城市维护建设税	33 300.25
48	教育费附加	14 271.53
合　计		47 571.78

制表：胡宁宁

51（7/11）

销售费用汇总表

2014 年 12 月 31 日　　单位：元

业务号	项目	金额
11	职工五险一金	57 750.00
19	水电费	2 750.00
19	办公费	3 500.00
28	业务招待费	2 800.00
34	工资	155 000.00
39	折旧	41 000.00
合　计		262 800.00

制表：胡宁宁

51（8/11）

管理费用汇总表

2014 年 12 月 31 日　　　　单位：元

业务号	项目	金额
5	办公费	560.00
11	职工五险一金	68 722.50
19	水电费	11 240.00
19	办公费	3 150.00
32	差旅费	6 590.00
34	工资	181 700.00
36	物料消耗	200.00
37	固定资产盘亏	17 000.00
39	折旧	359 500.00
40	无形资产摊销	16 000.00
合　计		664 662.50

制表：胡宁宁

51（9/11）

财务费用汇总表

2014 年 12 月 31 日　　　　单位：元

业务号	项目	金额
25	银票贴现	-35 900.00
27	借款利息	11 500.00
31	存款利息	-5 676.00
31	业务招待费	2 800.00
38	工本费	80.00
合　计		138 510.00

制表：胡宁宁

51（10/11）

营业外支出汇总表

2014 年 12 月 31 日　　　　单位：元

业务号	项目	金额
33	救灾捐款	30 000.00
合　计		30 000.00

制表：胡宁宁

51（11/11）

资产减值损失汇总表

2014 年 12 月 31 日　　　　单位：元

业务号	项目	金额
46	待处理财产损益	50 000.00
47	待处理财产损益	35 000.00
合　计		85 000.00

制表：胡宁宁

52（1/2）

企业所得税纳税申报表

税款所属期间：　　　　　年　　月　　日至　　年　　月　　日

纳税人识别号：　　　　　　　　　　　　　　　　金额单位：元

纳税人名称					
纳税人地址				邮政编码	
纳税人所属经济类型			纳税人所属行业		
纳税人开户银行			纳税人账号		
	行次	项目			金额
收入总额	01	销售（营业）收入（见附表一）			
	02	减：销售退回			
	03	折扣与折让			
	04	销售（营业）收入净额（1－2－3）			
	05	投资收益（见附表二）			
	06	投资转让净收益（见附表二）			
	07	补贴收入			
	08	营业外收入			
	09	其他收入（见附表三）			
	10	收入总额合计（4＋5＋6＋7＋8＋9）			
扣除项目	11	销售（营业）成本（见附表四）			
	12	销售（营业）税金及附加			
	13	财务费用			
	14	管理费用及销售（营业）费用			
	15	投资转让净损失（见附表二）			
	16	营业外支出			
	17	扣除项目合计（11＋12＋13＋14＋15＋16）			
应纳税所得额	18	纳税调整前所得（10－17）			
	19	加：纳税调整增加额（20＋21＋…＋29）			
	20	其中：工资薪金纳税调整额（见附表五）			
	21	福利、工会及教育经费的纳税调整额（见附表五）			
	22	折旧、摊销支出纳税调整额（见附表六）			
	23	广告支出纳税调整额（见附表七）			
	24	捐赠支出纳税调整额（见附表八）			

续表

	行次	项目	金额
应纳税所得额	25	各项保险缴款纳税调整额（见附表九）	
	26	坏账损失纳税调整额（见附表十）	
	27	呆（坏）账准备纳税调整额（见附表十）	
	28	股权投资转让净损失纳税调整额（见附表二）	
	29	其他纳税调整增加额（见附表十一）	
	30	减：纳税调整减少额（见附表十二）	
	31	纳税调整后所得（18+19-30）	
	32	减：技术开发费用附加扣除额（32≤31）	
	33	减：弥补以前年度亏损（请填附表十三）（33≤31-32）	
	34	减：免税所得（见附表十四）（34≤31-32-33）	
	35	加：应补税投资收益已纳税款	
	36	应纳税所得额（31-32-33-34+35≥0）	
应纳所得税	37	适用税率	
	38	应缴所得税额（36×37）	
	39	加：境外所得应纳税额（见附表十五）	
	40	减：应补税的境内投资收益的抵免税额（=35）	
	41	减：境外所得抵免税额（见附表十五）	
	42	减：经批准减免的所得税额（见附表十四）	
	43	国产设备投资抵免所得税额	
	44	实际应缴所得税（38+39-40-41-42-43≥0）	
	45	核定的就地预缴比例	
	46	就地应缴所得税额（44×45）	
	47	减：期初多缴的所得税额	
	48	已预缴的所得税额	
	49	应补（退）的所得税额（44-47-48或46-47-48）	

纳税人声明：

谨声明此纳税申报表是根据《中华人民共和国企业所得税暂行条例》及其实施细则和相关法律的规定填报的，是真实的、可靠的、完整的。

法人代表签字：　　　　纳税人单位公章：

中介代理机构声明：

谨声明此纳税申报表是根据《中华人民共和国企业所得税暂行条例》及其实施细则和相关法律的规定填报的，是真实的、可靠的、完整的。

注册税务师签字：　　　　中介机构签章：

填报日期：

52（2/2）

应交所得税计算表

2014 年 12 月 31 日　　　　单位：元

项目	本月实现利润总额	调整项目金额	本月应纳税所得额	适用税率	应纳所得税额
期初					
本月				15%	31 250.00
合计					31 250.00

制表：胡宁宁

注：该企业所得税的计缴政策为：当年应交所得税额按上年汇算清缴后应纳税所得额的 15% 实行分季预缴，在第二年的四月底之前实行前一年的企业所得税汇算清缴，少缴部分于第二年六月底之前补缴，多缴部分不退，留抵下年应交所得税。

53

本年利润计算表

2014 年 12 月 31 日　　　　单位：元

序号	项目	利润总额	所得税额	利润净额
1	1～11 月		343 750.00	800 000.00
2	12 月	160 649.87	31 250.00	129 399.87
合计			375 000.00	929 399.87

制表：胡宁宁

54

盈余公积提取计算表

年　月　日　　　　单位：元

项目	本月提取基数	法定盈余公积		任意盈余公积		合计
		提取比例	金额	提取比例	金额	
法定盈余公积	12 940.00	10%	12 940.00			12 940.00
任意盈余公积	6 470.00			5%	6 470.00	6 470.00
合计						19 410.00

制表：胡宁宁

55

应付股利计算表

2014 年 12 月 31 日　　　　单位：元

项目	分配基数	分配比例	应向投资者分配股利
本月分配数	2 329 399.87	20%	465 879.97

制表：胡宁宁

56

利润分配结算表

2014 年 12 月 31 日　　　　单位：元

项目	提取法定盈余公积	提取任意盈余公积	应付普通股股利	合计
期初	2 400 000.00	1 200 000.00	0	3 600 000.00
本月发生	12 940.00	6 470.00	465 879.97	485 289.97
合计	2 412 940.00	1 206 470.00	465 879.97	4 085 289.97

制表：胡宁宁

2

中 国 银 行
现金支票存根

$\frac{B\ H}{0\ 2}$ 06516255

科 目________

对方科目________

出票日期 年 月 日

收款人：
金 额：
用 途：

单位主管 会计

中国银行 现金支票（苏） $\frac{B\ H}{0\ 2}$ 06516255

出票日期（大写） 年 月 日 付款行名称：
收款人： 出票人账号：

本支票付款期限十天

人民币（大写）	亿	千	百	十	万	千	百	十	元	角	分

用途________ 科目（借）________

上列款项请从 对方科目（贷）________

我账户内支付 转账日期 年 月 日

出票人签章 复核 记账

4

中 国 银 行
现金支票存根

$\frac{B\ H}{0\ 2}$ 06516256

科 目________

对方科目________

出票日期 年 月 日

收款人：
金 额：
用 途：

单位主管 会计

中国银行 现金支票（苏） $\frac{B\ H}{0\ 2}$ 06516256

出票日期（大写） 年 月 日 付款行名称：
收款人： 出票人账号：

本支票付款期限十天

人民币（大写）	亿	千	百	十	万	千	百	十	元	角	分

用途________ 科目（借）________

上列款项请从 对方科目（贷）________

我账户内支付 转账日期 年 月 日

出票人签章 复核 记账

中 国 银 行
现金支票存根

$\frac{BH}{02}$ 06516257
科　　目________
对方科目________
出票日期　　年　月　日

收款人：
金　额：
用　途：

单位主管　　　会计

中国银行　现金支票（苏）　$\frac{BH}{02}$ 06516257

出票日期（大写）　　年　　月　　日　　付款行名称：
收款人：　　出票人账号：

本支票付款期限十天

人民币（大写）	亿	千	百	十	万	千	百	十	元	角	分

用途________　　科目（借）________
上列款项请从　　对方科目（贷）________
我账户内支付　　转账日期　　年　　月　　日
出票人签章　　复核　　　记账

中 国 银 行
现金支票存根

$\frac{BH}{02}$ 06516258
科　　目________
对方科目________
出票日期　　年　月　日

收款人：
金　额：
用　途：

单位主管　　　会计

中国银行　现金支票（苏）　$\frac{BH}{02}$ 06516258

出票日期（大写）　　年　　月　　日　　付款行名称：
收款人：　　出票人账号：

本支票付款期限十天

人民币（大写）	亿	千	百	十	万	千	百	十	元	角	分

用途________　　科目（借）________
上列款项请从　　对方科目（贷）________
我账户内支付　　转账日期　　年　　月　　日
出票人签章　　复核　　　记账

16

中国建设银行
转账支票存根

$\frac{B\ H}{0\ 2}$ 025876196

科　　目＿＿＿＿＿＿

对方科目＿＿＿＿＿＿

出票日期　　年　月　日

收款人：
金　额：
用　途：

单位主管　　　会计

中国建设银行 转账支票（苏）

$\frac{B\ H}{0\ 2}$ 025876196

出票日期（大写）　　年　月　日　　付款行名称：
收款人：　　出票人账号：

本支票付款期限十天

人民币（大写）	亿	千	百	十	万	千	百	十	元	角	分

用途＿＿＿＿＿＿　　科目（借）------

上列款项请从　　对方科目（贷）------

我账户内支付　　转账日期　年　月　日

出票人签章　　复核　　记账

中国建设银行
转账支票存根

$\frac{B\ H}{0\ 2}$ 025876197

科　　目＿＿＿＿＿＿

对方科目＿＿＿＿＿＿

出票日期　　年　月　日

收款人：
金　额：
用　途：

单位主管　　　会计

中国建设银行 转账支票（苏）

$\frac{B\ H}{0\ 2}$ 025876197

出票日期（大写）　　年　月　日　　付款行名称：
收款人：　　出票人账号：

本支票付款期限十天

人民币（大写）	亿	千	百	十	万	千	百	十	元	角	分

用途＿＿＿＿＿＿　　科目（借）------

上列款项请从　　对方科目（贷）------

我账户内支付　　转账日期　年　月　日

出票人签章　　复核　　记账

中国建设银行
转账支票存根

$\frac{B}{0}\frac{H}{2}$ 025876198

科　　目 ____________

对方科目 ____________

出票日期　　年　月　日

收款人：
金　额：
用　途：

单位主管　　　会计

中国建设银行　转账支票（苏）

$\frac{B}{0}\frac{H}{2}$ 025876198

出票日期（大写）　　年　月　日　　付款行名称：

收款人：　　出票人账号：

本支票付款期限十天

人民币（大写）	亿	千	百	十	万	千	百	十	元	角	分

用途 ____________　　科目（借）____________

上列款项请从　　对方科目（贷）____________

我账户内支付　　转账日期　　年　月　日

出票人签章　　复核　　记账

中国建设银行
转账支票存根

$\frac{B}{0}\frac{H}{2}$ 025876199

科　　目 ____________

对方科目 ____________

出票日期　　年　月　日

收款人：
金　额：
用　途：

单位主管　　　会计

中国建设银行　转账支票（苏）

$\frac{B}{0}\frac{H}{2}$ 025876199

出票日期（大写）　　年　月　日　　付款行名称：

收款人：　　出票人账号：

本支票付款期限十天

人民币（大写）	亿	千	百	十	万	千	百	十	元	角	分

用途 ____________　　科目（借）____________

上列款项请从　　对方科目（贷）____________

我账户内支付　　转账日期　　年　月　日

出票人签章　　复核　　记账

二、综合实训所需的记账凭证

1. 收款凭证（提供样例 4 张）

收款凭证

借方科目：____________ 年 月 日 字第 号

摘要	对方科目		借或贷	金额										记账√
	总账科目	明细科目		千	百	十	万	千	百	十	元	角	分	
合计														

会计主管： 记账： 复核： 出纳： 制单：

收款凭证

借方科目：____________ 年 月 日 字第 号

摘要	对方科目		借或贷	金额										记账√
	总账科目	明细科目		千	百	十	万	千	百	十	元	角	分	
合计														

会计主管： 记账： 复核： 出纳： 制单：

收款凭证

借方科目：＿＿＿＿＿＿　　　　年　　月　　日　　　　　　　字第　　号

摘要	对方科目		借或贷	金额										记账√
	总账科目	明细科目		千	百	十	万	千	百	十	元	角	分	
合计														

会计主管：　　　　记账：　　　　复核：　　　　出纳：　　　　制单：

收款凭证

借方科目：＿＿＿＿＿＿　　　　年　　月　　日　　　　　　　字第　　号

摘要	对方科目		借或贷	金额										记账√
	总账科目	明细科目		千	百	十	万	千	百	十	元	角	分	
合计														

会计主管：　　　　记账：　　　　复核：　　　　出纳：　　　　制单：

2. 付款凭证（提供样例 4 张）

付款凭证

借方科目：____________　　　　年　　月　　日　　　　字第　　号

摘要	对方科目		借或贷	金额										记账√
	总账科目	明细科目		千	百	十	万	千	百	十	元	角	分	
合计														

会计主管：　　　　记账：　　　　复核：　　　　出纳：　　　　制单：

付款凭证

借方科目：____________　　　　年　　月　　日　　　　字第　　号

摘要	对方科目		借或贷	金额										记账√
	总账科目	明细科目		千	百	十	万	千	百	十	元	角	分	
合计														

会计主管：　　　　记账：　　　　复核：　　　　出纳：　　　　制单：

付款凭证

借方科目：______________　　　　　　　　年　　月　　日　　　　　　　　　字第　　号

摘要	对方科目		借或贷	金额										记账√
	总账科目	明细科目		千	百	十	万	千	百	十	元	角	分	
合计														

会计主管：　　　　　记账：　　　　　复核：　　　　　出纳：　　　　　制单：

付款凭证

借方科目：______________　　　　　　　　年　　月　　日　　　　　　　　　字第　　号

摘要	对方科目		借或贷	金额										记账√
	总账科目	明细科目		千	百	十	万	千	百	十	元	角	分	
合计														

会计主管：　　　　　记账：　　　　　复核：　　　　　出纳：　　　　　制单：

3. 转账凭证

（提供样例 4 张）

转账凭证

年　　月　　日　　　　　　　　字第　　号

摘要	总账科目	明细科目	借方金额											贷方金额											√
			亿	千	百	十	万	千	百	十	元	角	分	亿	千	百	十	万	千	百	十	元	角	分	
合　计																									

会计主管：　　　　记账：　　　　出纳：　　　　审核：　　　　制单：

转账凭证

年　　月　　日　　　　　　　　字第　　号

摘要	总账科目	明细科目	借方金额											贷方金额											√
			亿	千	百	十	万	千	百	十	元	角	分	亿	千	百	十	万	千	百	十	元	角	分	
合　计																									

会计主管：　　　　记账：　　　　出纳：　　　　审核：　　　　制单：

转账凭证

年　　月　　日　　　　　　　　字第　　号

摘要	总账科目	明细科目	借方金额											贷方金额											√
			亿	千	百	十	万	千	百	十	元	角	分	亿	千	百	十	万	千	百	十	元	角	分	
合计																									

会计主管：　　　　记账：　　　　出纳：　　　　审核：　　　　制单：

转账凭证

年　　月　　日　　　　　　　　字第　　号

摘要	总账科目	明细科目	借方金额											贷方金额											√
			亿	千	百	十	万	千	百	十	元	角	分	亿	千	百	十	万	千	百	十	元	角	分	
合计																									

会计主管：　　　　记账：　　　　出纳：　　　　审核：　　　　制单：

4. 记账凭证

（提供样例 4 张）

记账凭证

年 月 日 字第 号

摘要	总账科目	明细科目	借方金额											贷方金额											√
			亿	千	百	十	万	千	百	十	元	角	分	亿	千	百	十	万	千	百	十	元	角	分	
附件 张		合计																						

会计主管： 记账： 出纳： 审核： 制单：

记账凭证

年 月 日 字第 号

摘要	总账科目	明细科目	借方金额											贷方金额											√
			亿	千	百	十	万	千	百	十	元	角	分	亿	千	百	十	万	千	百	十	元	角	分	
附件 张		合计																						

会计主管： 记账： 出纳： 审核： 制单：

记账凭证

年 月 日 字第 号

摘要	总账科目	明细科目	借方金额											贷方金额											√
			亿	千	百	十	万	千	百	十	元	角	分	亿	千	百	十	万	千	百	十	元	角	分	
附件 张		合计																							

会计主管： 记账： 出纳： 审核： 制单：

记账凭证

年 月 日 字第 号

摘要	总账科目	明细科目	借方金额											贷方金额											√
			亿	千	百	十	万	千	百	十	元	角	分	亿	千	百	十	万	千	百	十	元	角	分	
附件 张		合计																							

会计主管： 记账： 出纳： 审核： 制单：

三、综合实训所需的日记账

1. 现金日记账（提供样例 2 张）

现金日记账

第　　页

年		凭证编号	摘要	对方科目	票号	借方											贷方											借或贷	余额											√
月	日					亿	千	百	十	万	千	百	十	元	角	分	亿	千	百	十	万	千	百	十	元	角	分		亿	千	百	十	万	千	百	十	元	角	分	

现金日记账

第 页

年		凭证编号	摘要	对方科目	票号	借方											贷方											借或贷	余额											√
月	日					亿	千	百	十	万	千	百	十	元	角	分	亿	千	百	十	万	千	百	十	元	角	分		亿	千	百	十	万	千	百	十	元	角	分	

2. 银行存款日记账（提供样例 4 张）

银行存款日记账

第______页

币种：__________　　　　开户银行：__________　　　　银行账号：__________

年		凭证号数		摘要	支票		对方科目	存入（收款）										支取（付款）										结余									
月	日	收款	付款		种类	号数		亿	千	百	十	万	千	百	十	元	角	分	亿	千	百	十	万	千	百	十	元	角	分	亿	千	百	十	万	千	百	十	元	角	分

银行存款日记账

第______页

币种：__________　　　　开户银行：__________　　　　银行账号：__________

年		凭证号数		摘要	支票		对方科目	存入（收款）											支取（付款）											结　余										
月	日	收款	付款		种类	号数		亿	千	百	十	万	千	百	十	元	角	分	亿	千	百	十	万	千	百	十	元	角	分	亿	千	百	十	万	千	百	十	元	角	分

银行存款日记账

第______页

币种：__________　　　　开户银行：__________　　　　银行账号：__________

年		凭证号数		摘要	支票		对方科目	存入（收款）											支取（付款）											结余										
月	日	收款	付款		种类	号数		亿	千	百	十	万	千	百	十	元	角	分	亿	千	百	十	万	千	百	十	元	角	分	亿	千	百	十	万	千	百	十	元	角	分

银行存款日记账

第＿＿＿页

币种：＿＿＿＿＿＿　　开户银行：＿＿＿＿＿＿　　银行账号：＿＿＿＿＿＿

年		凭证号数		摘要	支票		对方科目	存入（收款）											支取（付款）											结余										
月	日	收款	付款		种类	号数		亿	千	百	十	万	千	百	十	元	角	分	亿	千	百	十	万	千	百	十	元	角	分	亿	千	百	十	万	千	百	十	元	角	分

四、综合实训所需的明细账

1. 三栏式明细分类账（提供样例 2 张）

明 细 账

总第____页

分第____页

会计科目或编号________

年		凭证		摘要	借方											√	贷方											√	借或贷	金额											核对
月	日	种类	号数		亿	千	百	十	万	千	百	十	元	角	分		亿	千	百	十	万	千	百	十	元	角	分			亿	千	百	十	万	千	百	十	元	角	分	

明 细 账

总第____页
分第____页

会计科目或编号________

年		凭证		摘要	借方											√	贷方											√	借或贷	金额											核对
月	日	种类	号数		亿	千	百	十	万	千	百	十	元	角	分		亿	千	百	十	万	千	百	十	元	角	分			亿	千	百	十	万	千	百	十	元	角	分	

2. 多栏式明细分类账（提供样例2张）

费用明细分类账

总第____页

分第____页

会计科目或编号________

年		凭证		摘要																																									
月	日	种类	号数		亿	千	百	十	万	千	百	十	元	角	分	千	百	十	万	千	百	十	元	角	分	千	百	十	万	千	百	十	元	角	分	千	百	十	万	千	百	十	元	角	分

费用明细分类账

总第____页

会计科目或编号________ 分第____页

年		凭证		摘要																																									
月	日	种类	号数		亿	千	百	十	万	千	百	十	元	角	分	千	百	十	万	千	百	十	元	角	分	千	百	十	万	千	百	十	元	角	分	千	百	十	万	千	百	十	元	角	分

3. 数量金额式明细分类账（提供样例 2 张）

进销存账

总第____页

分第____页

编号________ 类别________规格________ 单位________ 存放地点________ 计划单价________

年		凭证号数		摘要	借方													贷方													金额													√
月	日				数量	单价	金额											数量	单价	金额											数量	单价	金额											
							亿	千	百	十	万	千	百	十	元	角	分			亿	千	百	十	万	千	百	十	元	角	分			亿	千	百	十	万	千	百	十	元	角	分	

进销存账

总第____页

分第____页

编号________　类别________规格________　单位________　存放地点________　计划单价________

年		凭证号数		摘要	借方													贷方													金额													√
月	日				数量	单价	金额											数量	单价	金额											数量	单价	金额											
							亿	千	百	十	万	千	百	十	元	角	分			亿	千	百	十	万	千	百	十	元	角	分			亿	千	百	十	万	千	百	十	元	角	分	

五、"T"型账户

（提供样例 16 个）

六、科目汇总表

（提供样例3张）

科目汇总表

记账凭证自　年　月　日　至　月　日　　自　号至　号　　共　　张　　　　　　　　年　月　日

科目名称	借方金额											贷方金额											过账
	亿	千	百	十	万	千	百	十	元	角	分	亿	千	百	十	万	千	百	十	元	角	分	

科目汇总表

记账凭证自　年　月　日　至　月　日　　自　号至　号　共　张　　　　　　　　　年　月　日

科目名称	借方金额											贷方金额											过账
	亿	千	百	十	万	千	百	十	元	角	分	亿	千	百	十	万	千	百	十	元	角	分	

科目汇总表

记账凭证自 年 月 日 至 月 日 自 号至 号 共 张 年 月 日

科目名称	借方金额											贷方金额											过账
	亿	千	百	十	万	千	百	十	元	角	分	亿	千	百	十	万	千	百	十	元	角	分	

七、总账

（提供样例2张）

总 账

会计科目名称或编号____________ 第 页

年		凭证编号	摘要	借方金额											贷方金额											借或贷	余额											核对号
月	日			亿	千	百	十	万	千	百	十	元	角	分	亿	千	百	十	万	千	百	十	元	角	分		亿	千	百	十	万	千	百	十	元	角	分	

总　　账

会计科目名称或编号____________　　　　　　　　　　　　　　　　　　　　　　第　　页

年		凭证编号	摘要	借方金额											贷方金额											借或贷	余额											核对号
月	日			亿	千	百	十	万	千	百	十	元	角	分	亿	千	百	十	万	千	百	十	元	角	分		亿	千	百	十	万	千	百	十	元	角	分	

八、余额平衡表

（提供样例 2 张）

余额平衡表

年　月　日

科目名称	借方余额										贷方余额											过账
	亿	千	百	十	万	千	十	元	角	分	亿	千	百	十	万	千	百	十	元	角	分	
合　计																						

会计主管：　　　　记账：　　　　复核：　　　　制表：

余额平衡表

年　月　日

科目名称	借方余额										贷方余额											过账
	亿	千	百	十	万	千	十	元	角	分	亿	千	百	十	万	千	百	十	元	角	分	
合　计																						

会计主管：　　　　记账：　　　　复核：　　　　制表：

九、资产负债表

资产负债表

编制单位： ____年____月____日 单位：元

资产	期末余额	年初余额	负债和所有者权益（或股东权益）	期末余额	年初余额
流动资产：			流动负债：		
货币资金			短期借款		
以公允价值计量且其变动计入当期损益的金融资产			以公允价值计量且其变动计入当期损益的金融负债		
应收票据			应付票据		
应收账款			应付账款		
预付款项			预收款项		
应收利息			应付职工薪酬		
应收股利			应交税费		
其他应收款			应付利息		
存货			应付股利		
一年内到期的非流动资产			其他应付款		
其他流动资产			一年内到期的非流动负债		
流动资产合计			其他流动负债		
非流动资产：			流动负债合计		
可供出售金融资产			非流动负债：		
持有至到期投资			长期借款		
长期应收款			应付债券		
长期股权投资			长期应付款		
投资性房地产			专项应付款		
固定资产			预计负债		
在建工程			递延收益		
工程物资			递延所得税负债		
固定资产清理			其他非流动负债		
生产性生物资产			非流动负债合计		
油气资产			负债合计		
无形资产			所有者权益（或股东权益）：		
开发支出			实收资本（或股本）		
商誉			资本公积		
长期待摊费用			减：库存股		
递延所得税资产			其他综合收益		
其他非流动资产			盈余公积		
非流动资产合计			未分配利润		
			所有者权益（或股东权益）合计		
资产总计			负债和所有者权益（或股东权益）总计		

十、利润表

利 润 表

编制单位： ____年____月 单位：元

项 目	本期金额	上期金额
一、营业收入		
减：营业成本		
营业税金及附加		
销售费用		
管理费用		
财务费用		
资产减值损失		
加：公允价值变动收益（损失以“－”号填列）		
投资收益（损失以“－”号填列）		
其中：对联营企业和合营企业的投资收益		
二、营业利润（亏损以“－”号填列）		
加：营业外收入		
其中：非流动资产处置利得		
减：营业外支出		
其中：非流动资产处置损失		
三、利润总额（亏损总额以“－”号填列）		
减：所得税费用		
四、净利润（净亏损以“－”号填列）		
五、其他综合收益的税后净额		
（一）以后不能重分类进损益的其他综合收益		
1．重新计量设定受益计划净负债或净资产的变动		
2．权益法下在被投资单位不能重分类进损益的其他综合收益中享有的份额		
……		
（二）以后将重分类进损益的其他综合收益		
1．权益法下在被投资单位以后将重分类进损益的其他综合收益中享有的份额		
2．可供出售金融资产公允价值变动损益		
3．持有至到期投资重分类为可供出售金融资产损益		
4．现金流量套期损益的有效部分		
5．外币财务报表折算差额		
……		
六、综合收益总额		
七、每股收益：		
（一）基本每股收益		
（二）稀释每股收益		

十一、现金流量表及其补充资料

现金流量表

编制单位： 年度 单位：元

项 目	本期金额	上期金额（略）
一、经营活动产生的现金流量：		
销售商品、提供劳务收到的现金		
收到的税费返还		
收到其他与经营活动有关的现金		
经营活动现金流入小计		
购买商品、接受劳务支付的现金		
支付给职工以及为职工支付的现金		
支付的各项税费		
支付其他与经营活动有关的现金		
经营活动现金流出小计		
经营活动产生的现金流量净额		
二、投资活动产生的现金流量：		
收回投资收到的现金		
取得投资收益收到的现金		
处置固定资产、无形资产和其他长期资产收回的现金净额		
处置子公司及其他营业单位收到的现金净额		
收到其他与投资活动有关的现金		
投资活动现金流入小计		
购建固定资产、无形资产和其他长期资产支付的现金		
投资支付的现金		
取得子公司及其他营业单位支付的现金净额		
支付其他与投资活动有关的现金		
投资活动现金流出小计		
投资活动产生的现金流量净额		
三、筹资活动产生的现金流量：		
吸收投资收到的现金		
取得借款收到的现金		
收到其他与筹资活动有关的现金		
筹资活动现金流入小计		
偿还债务支付的现金		
分配股利、利润或偿付利息支付的现金		
支付其他与筹资活动有关的现金		
筹资活动现金流出小计		
筹资活动产生的现金流量净额		
四、汇率变动对现金及现金等价物的影响		
五、现金及现金等价物净增加额		
加：期初现金及现金等价物余额		
六、期末现金及现金等价物余额		

现金流量表补充资料

补充资料	本期金额	上期金额（略）
1. 将净利润调节为经营活动现金流量：		
净利润		
加：资产减值准备		
固定资产折旧、油气资产折耗、生产性生物资产折旧		
无形资产摊销		
长期待摊费用摊销		
处置固定资产、无形资产和其他长期资产的损失（收益以“－”号填列）		
固定资产报废损失（收益以“－”号填列）		
公允价值变动损失（收益以“－”号填列）		
财务费用（收益以“－”号填列）		
投资损失（收益以“－”号填列）		
递延所得税资产减少（增加以“－”号填列）		
递延所得税负债增加（减少以“－”号填列）		
存货的减少（增加以“－”号填列）		
经营性应收项目的减少（增加以“－”号填列）		
经营性应付项目的增加（减少以“－”号填列）		
其他		
经营活动产生的现金流量净额		
2. 不涉及现金收支的重大投资和筹资活动：		
债务转为资本		
一年内到期的可转换公司债券		
融资租入固定资产		
3. 现金及现金等价物净变动情况：		
现金的期末余额		
减：现金的期初余额		
加：现金等价物的期末余额		
减：现金等价物的期初余额		
现金及现金等价物净增加额		

十二、所有者权益变动表

所有者权益变动表

会企 04 表

编制单位：　　　　＿＿＿＿年度　　　　单位：元

项目	本年金额							上年金额						
	实收资本（或股本）	资本公积	减：库存股	其他综合收益	盈余公积	未分配利润	所有者权益合计	实收资本（或股本）	资本公积	减：库存股	其他综合收益	盈余公积	未分配利润	所有者权益合计
一、上年年末余额														
加：会计政策变更														
前期差错更正														
二、本年年初余额														
三、本年增减变动金额（减少以“－”号填列）														
（一）综合收益总额														
（二）所有者投入和减少资本														
1. 所有者投入资本														
2. 股份支付计入所有者权益的金额														
3. 其他														
（三）利润分配														
1. 提取盈余公积														
2. 对所有者（或股东）的分配														
3. 其他														
（四）所有者权益内部结转														
1. 资本公积转增资本（或股本）														
2. 盈余公积转增资本（或股本）														
3. 盈余公积弥补亏损														
4. 其他														
四、本年年末余额														

十三、银行对账单

对　账　单

银行：中国银行常州延陵路支行

户名：江苏常州华宇数字设备有限责任公司

账号：2189－05187778　　2014 年 12 月 31 日　　第 1 页

日期	摘　要	凭证号	借方发生额	贷方发生额	借或贷	余额	操作记录		
							行号	记账	复核
						2 950 000.00			
12 月 1 日				15 000.00		2 935 000.00			
12 月 2 日			50 000.00			2 985 000.00			
12 月 2 日				8 000.00		2 977 000.00			
12 月 3 日				200 000.00		2 777 000.00			
12 月 5 日				720 967.50		2 056 032.50			
12 月 8 日				1 182 665.00		873 367.50			
12 月 10 日			500 000.00			1 373 367.50			
12 月 10 日				360 000.00		1 013 367.50			
12 月 10 日				6 000.00		1 007 367.50			
12 月 15 日			9 000.00			1 016 367.50			
12 月 18 日				1 011 500.00		4 867.50			
12 月 21 日			12 560 000.00			12 564 867.50			
12 月 22 日			33 800.00			12 568 255.50			
12 月 31 日				80.00		12 568 175.50			
	本月合计		13 122 388.00	3 504 212.50		12 568 175.50			

对 账 单

银行：中国建设银行常州新北区支行

户名：江苏常州华宇数字设备有限责任公司

账号：6352－197511109　　　　2015 年 12 月 31 日　　　　第 1 页

日期	摘要	凭证号	借方发生额	贷方发生额	借或贷	余额	操作记录		
							行号	记账	复核
	结存					1 451 000.00			
12 月 1 日			280 000.00			1 731 000.00			
12 月 2 日				673 920.00		1 057 080.00			
12 月 3 日				10 000.00		1 047 080.00			
12 月 8 日				521 835.00		525 245.00			
12 月 9 日				2 340.00		522 905.00			
12 月 10 日				99 390.00		423 515.00			
12 月 10 日			400 000.00			823 515.00			
12 月 16 日			3 035 900.00			3 859 415.00			
12 月 17 日				351 000.00		3 508 415.00			
12 月 19 日				2 800.00		3 505 615.00			
12 月 22 日			5 000 000.00			8 505 615.00			
12 月 22 日			2 288.00			8 507 903.00			
12 月 25 日				30 000.00		8 477 903.00			
	本月合计		8 718 188.00	1 691 285.00		8 477 903.00			

十四、银行存款余额调节表

银行存款余额调节表

开户银行： 银行账号：

单位名称： 年 月

项目及经济业务内容	支票号	业务发生时间	金额	项目及经济业务内容	凭证号	支票号	业务入账时间	金额
企业银行存款日记账余额				银行对账单余额				
加：企业未收银行已收			——	加：银行未收企业已收				——
小 计			0.00	小 计				0.00
减：企业未付银行已付			——	减：银行未付企业已付				——
小 计			0.00	小 计				0.00
调整后余额			0.00	调整后余额				0.00

财务主管： 审核人： 出纳： 制表人：

备注：本表必须为非出纳人员编制审核，并由责任人签章，每笔未达账项必须注明经济业务内容。

银行存款余额调节表

开户银行：　　　　　　　　　　　　　　　　　　　　　　　　　　　银行账号：

单位名称：　　　　　　　　　　　　　　　　　　　　　　　　　　　年　　月

项目及经济业务内容	支票号	业务发生时间	金额	项目及经济业务内容	凭证号	支票号	业务入账时间	金额
企业银行存款日记账余额				银行对账单余额				
加：企业未收银行已收			——	加：银行未收企业已收				——
小　计			0.00	小　计				0.00
减：企业未付银行已付			——	减：银行未付企业已付				——
小　计			0.00	小　计				0.00
调整后余额			0.00	调整后余额				0.00

财务主管：　　　　　　审核人：　　　　　　出纳：　　　　　　制表人：

备注：本表必须为非出纳人员编制审核，并由责任人签章，每笔未达账项必须注明经济业务内容。

十五、会计凭证封面

会计档案记账凭证

单位名称：

时间	年度　　月份　　日至　　日
卷数	本月共　　卷　　　　本卷是第　　卷
记账凭证张数	本卷自　　字第　　号至　　字第　　号共　　张
会计主管：	经办人
全宗号：	目录号：　　　　　案卷号：

会计档案记账凭证

单位名称：

时间	年度　　月份　　日至　　日
卷数	本月共　　卷　　本卷是第　　卷
记账凭证张数	本卷自　　字第　　号至　　字第　　号共　　张
会计主管：	经办人
全宗号：	目录号：　　　　　案卷号：

附录1

综合实训经济业务的会计分录参考答案

1. 借：银行存款——建行常州新北区支行	280 000. 00	
贷：应收账款——南京苏宁百货		280 000. 00
2. 借：库存现金	15 000. 00	
贷：银行存款——中行常州延陵路支行		15 000. 00
3. 借：银行存款——中行常州延陵路支行	50 000. 00	
贷：投资收益——股权投资——杭州易淘电商		50 000. 00
4. 借：其他应收款——质检部——王佳城	8 000. 00	
贷：银行存款——中行常州延陵路支行		8 000. 00
5. 借：管理费用——办公费	560. 00	
贷：库存现金		560. 00
6. 借：材料采购——GE 材料	60 000. 00	
——PCB 板	500 000. 00	
——金属薄膜	16 000. 00	
应交税费——应交增值税——进项税额	97 920. 00	
贷：银行存款——建行新北区支行		673 920. 00
7. 借：应收账款——哈尔滨数字设备交易中心	2 759 500. 00	
贷：主营业务收入——中宇天腾台式电脑		2 000 000. 00
——中宇酷腾笔记本电脑		350 000. 00
应交税费——应交增值税——销项税额		399 500. 00
银行存款——建行常州新北区支行		10 000. 00
8. 借：其他货币资金——外埠存款——广发行深圳世纪公园分理处	200 000. 00	
贷：银行存款——中行常州延陵路支行		200 000. 00

9. 借：长期股权投资——海南航空　2 545 200.00
　贷：其他货币资金——存出投资款——常州国泰君安证券　2 545 200.00

10. 借：应付职工薪酬——工资　720 967.50
　贷：银行存款——中行常州延陵路支行　720 967.50
借：应付职工薪酬——工资　194 532.50
　贷：其他应付款——社会保险金　96 127.50
　　——住房公积金　73 240.00
　应交税费——应交个人所得税　25 165.00

11. 借：生产成本——基本生产成本——主板车间　38 500.00
　——硬盘车间　42 350.00
　——显示器车间　53 900.00
　——装配车间　57 750.00
　——辅助生产成本——机修车间　10 780.00
制造费用——主板车间　3 850.00
　——硬盘车间　4 235.00
　——显示器车间　5 390.00
　——装配车间　5 775.00
　——机修车间　3 465.00
管理费用——职工五险一金　68 722.50
销售费用——职工五险一金　57 750.00
　贷：应付职工薪酬——社会保险费　352 467.50
借：应付职工薪酬——社会保险费　352 467.50
　贷：其他应付款——社会保险金　279 227.50
　　——住房公积金　73 240.00

12. 借：应收账款——西安鑫博电脑广场　659 950.00
应收票据——银行承兑汇票——咸阳机械厂　200 000.00
　贷：其他业务收入——硬盘　180 000.00
　　——主板　345 000.00
　　——显示器　210 000.00
　应交税费——应交增值税——销项税额　124 950.00

13. 借：材料采购——天然橡胶　106 500.00
　——合成橡胶　82 160.00
应交税费——应交增值税——进项税额　32 072.20
　贷：应收票据——银行承兑汇票——咸阳机械厂　200 000
　应付账款——海南橡胶集团　20 732.20

14. 借：应交税费——应交增值税——应交未交	987 500.00	
——城市维护建设税	119 000.00	
——教育费附加	51 000.00	
——应交个人所得税	25 165.00	
贷：银行存款——中行常州延陵路支行		1 182 665.00
15. 借：其他应付款——社会保险金	375 355.00	
——住房公积金	146 480.00	
贷：银行存款——建行新北区支行		521 835.00
16. 借：工程物资——水泥	2 000.00	
应交税费——应交增值税——进项	340.00	
贷：银行存款——建行常州新北区支行		2 340.00
借：在建工程——主板流水线	400.00	
贷：工程物资——水泥		400.00
17. 借：制造费用——主板车间	36 000.00	
——硬盘车间	45 000.00	
——显示器车间	42 000.00	
——装配车间	60 000.00	
——机修车间	4 500.00	
贷：周转材料——工作服		187 500.00
18. 借：银行存款——中行常州延陵路支行	500 000.00	
贷：预收账款——重庆百脑汇电脑城		500 000.00
19. 借：制造费用——主板车间	15 600.00	
——硬盘车间	16 500.00	
——显示器车间	17 550.00	
——装配车间	18 450.00	
——机修车间	10 650.00	
管理费用——水电费	11 240.00	
——办公费	3 150.00	
销售费用——水电费	2 750.00	
——办公费	3 500.00	
贷：银行存款——建行常州新北区支行		99 390.00
20. 借：周转材料——包装物	500 000.00	
应交税费——应交增值税——进项	85 000.00	

贷：应收票据——银川丝路飞天电脑线 500 000.00
　　应付账款——常州瓦楞纸包装材料 85 000.00

21. 借：固定资产——主板车间——主板流水线 2 800 000.00
　　贷：在建工程——主板流水线 2 800 000.00

22. 借：无形资产——专利权——XX 半导体芯片技术 360 000.00
　　贷：银行存款——中行常州延陵路支行 360 000.00

23. 借：银行存款——建行常州新北区支行 400 000.00
　　预收账款——重庆百脑汇电脑城 500 000.00
　　应收账款——重庆百脑汇电脑城 77 100.00
　　贷：主营业务收入——中宇天腾台式电脑 500 000.00
　　　　　　　　　——中宇酷腾笔记本电脑 330 000.00
　　　　应交税费——应交增值税——销项税额 141 100.00
　　　　银行存款——中行常州延陵路支行 6 000.00

24. 借：固定资产清理 5 000.00
　　累计折旧 25 000.00
　　贷：固定资产——原值 30 000.00
　借：固定资产清理 300.00
　　贷：库存现金 300.00
　借：银行存款——中行常州延陵路支行 9 000.00
　　贷：固定资产清理 5 300.00
　　　　营业外收入 3 700.00

25. 借：银行存款——建行常州延陵路支行 3 035 900.00
　　贷：应收票据——银行承兑汇票——常州黑牡丹毛纺集团 3 000 000.00
　　　　财务费用——银票贴现 35 900.00
　　注：到期利息 $=3\ 000\ 000\times10\%/12\times6=150\ 000$（元）
　　　　贴现息 $=3\ 150\ 000\times8\%/360\times163=114\ 100$（元）
　　　　贴现净额 $=3\ 150\ 000-114\ 100=3\ 035\ 900$（元）

26. 借：固定资产——行政部——奥迪 A6 300 000.00
　　应交税费——应交增值税——进项 51 000.00
　　贷：银行存款——建行常州新北区支行 351 000.00
　　注：2013 年 8 月起购买自用应征消费税小汽车进项税可抵扣

27. 借：短期借款 1 000 000.00

财务费用——借款利息 11 500.00
贷：银行存款——中行常州延陵路支行 1 011 500.00

28. 借：销售费用——业务招待费 2 800.00
贷：银行存款——建行常州新北区支行 2 800.00

29. 借：银行存款——美元户——中行常州延陵路支行 12 560 000.00
贷：实收资本——个人出资——美国旧金山 Dr. Richard Richy 12 560 000.00

30. 借：银行存款——建行常州新北区支行 5 000 000.00
贷：实收资本——企业出资——江苏丹阳天能高新材料有限公司 5 000 000.00

31. 借：银行存款——建行常州新北区支行 2 288.00
——中行常州延陵路支行 3 388.00
贷：财务费用——存款利息 5 676.00
借：财务费用——借款利息 168 506.00
贷：应付利息——建行九个月短期借款 18 106.00
——中行一年期流动资金借款 150 400.00

32. 借：管理费用——差旅费 6 590.00
库存现金 1 410.00
贷：其他应收款——质检部——王佳城 8 000.00

33. 借：营业外支出——救灾捐款 30 000.00
贷：银行存款——建行常州新北区支行 30 000.00

34. 借：生产成本——基本生产成本——主板车间 102 000.00
——硬盘车间 111 000.00
——显示器车间 150 000.00
——装配车间 155 000.00
——辅助生产成本——机修车间 28 500.00
制造费用——主板车间 10 000.00
——硬盘车间 11 000.00
——显示器车间 14 000.00
——装配车间 15 000.00
——机修车间 9 000.00
管理费用——工资 181 700.00
销售费用——工资 155 000.00
贷：应付职工薪酬——工资 942 200.00

35. 借：原材料——GE 材料	60 000.00	
——PCB 板	500 000.00	
——金属薄膜材料	16 000.00	
——天然橡胶	106 500.00	
——合成橡胶	82 160.00	
贷：材料采购——GE 材料		60 000.00
——PCB 板		500 000.00
——金属薄膜材料		16 000.00
——天然橡胶		106 500.00
——合成橡胶		82 160.00
36. 借：生产成本——基本生产成本——主板车间	800 000.00	
——硬盘车间	2 000 000.00	
——显示器车间	950 000.00	
贷：原材料——PCB 板		520 000.00
——GE 材料		49 000.00
——金属薄膜材料		12 000.00
——其他材料加总		3 169 000.00
借：生产成本——基本生产成本——装配车间	2 638 000.00	
贷：原材料——天然橡胶		88 000.00
——其他材料加总		362 000.00
自制半成品——主板		620 000.00
——硬盘		568 000.00
——显示器		1 000 000.00
借：生产成本——辅助生产成本——机修车间	7 800.00	
管理费用——物料消耗	200.00	
贷：原材料——合成橡校		7 800.00
——其他材料加总		200.00
37. 借：原材料——天然橡胶	1 000.00	
贷：待处理财产损溢——待处理流动资产损溢		1 000.00
借：待处理财产损溢——待处理流动资产损溢	18 000.00	
贷：自制半成品——主板		18 000.00
借：待处理财产损溢——待处理流动资产损溢	1 000.00	
贷：管理费用——流动资产盘盈		1 000.00
借：管理费用——流动资产盘亏	18 000.00	
贷：待处理财产损溢——待处理流动资产损溢		18 000.00
38. 借：财务费用——工本费	80.00	

贷：银行存款——中行延陵路支行　　80.00

39. 借：制造费用——主板车间　　602 800.00
——硬盘车间　　427 500.00
——显示器车间　　518 500.00
——装配车间　　473 000.00
——机修车间　　64 000.00
管理费用　　359 500.00
销售费用　　41 000.00
贷：累计折旧　　2 486 300.00

40. 借：生产成本——辅助生产成本——机修车间　　91 615.00
贷：制造费用——机修车间　　91 615.00

41. 借：制造费用——主板车间　　83 543.25
——硬盘车间　　66 834.60
——显示器车间　　52 512.90
——装配车间　　35 804.25
贷：生产成本——辅助生产成本——机修车间　　238 695.00

42. 借：生产成本——基本生产成本——主板车间　　751 793.25
——硬盘车间　　571 069.60
——显示器车间　　649 952.90
——装配车间　　608 029.25
贷：制造费用——主板车间　　751 793.25
——硬盘车间　　571 069.60
——显示器车间　　649 952.90
——装配车间　　608 029.25

注：现实生产中，每一车间均不止生产一种型号的产品，因此制造费用结转基本生产成本时，需要按不同型号产品的生产工时进行计算并合理分摊。基于示例中每一车间只生产一个型号的产品，故直接将制造费用全部结转入了对应车间的基本生产成本。

43. 借：自制半成品——主板　　2 171 204.44
——硬盘　　4 446 512.56
——显示器　　4 221 567.70
贷：生产成本——基本生产成本——主板车间　　2 171 204.44
——硬盘车间　　4 446 512.56
——显示器车间　　4 221 567.70

44.	借：库存商品——中宇天腾台式电脑	3 862 332.22	
	——中宇酷腾笔记本电脑	2 353 855.38	
	贷：生产成本——基本生产成本——装配车间		6 216 187.60
45.	借：主营业务成本	2 629 505.85	
	贷：库存商品——中宇天腾台式电脑		2 149 505.85
	——中宇酷腾笔记本电脑		480 000.00
46.	借：资产减值损失	50 000.00	
	贷：存货跌价准备		12 000.00
	固定资产减值准备		22 000.00
	长期股权投资减值准备		12 000.00
	无形资产减值准备		4 000.00
47.	借：坏账准备	30 000.00	
	贷：应收账款——北京昌平京城现代电脑销售公司		30 000.00
	借：资产减值损失	35 000.00	
	贷：坏账准备		35 000.00
48.	借：应交税费——应交增值税（销项税额）	665 550.00	
	贷：应交税费——应交增值税（进项税额）		266 332.20
	——应交增值税（应交未交）		399 217.80
	借：营业税金及附加	47 571.78	
	贷：应交税费——应交城市维护建设税		33 300.25
	——应交教育费附加		14 271.53
49.	借：应收账款——常州天宁电器超市	50 000.00	
	贷：其他业务收入——门店租赁收入		50 000.00
50.	借：管理费用——无形资产摊销——商标权	10 000.00	
	——专利权	6 000.00	
	贷：累计摊销——商标权		10 000.00
	——专利权		6 000.00
51.	借：主营业务收入	3 180 000.00	
	其他业务收入	785 000.00	
	营业外收入	3 700.00	
	投资收益	50 000.00	
	贷：本年利润		3 968 700.00

借：本年利润	3 773 050.13	
贷：主营业务成本		2 629 505.85
营业税金及附加		47 571.78
销售费用		262 800.00
管理费用		664 662.50
财务费用		138 510.00
营业外支出		30 000.00
借：本年利润	85 000.00	
贷：资产减值损失		85 000.00

52. 借：所得税费用	31 250.00	
贷：应交税费——应交所得税		31 250.00
借：本年利润	31 250.00	
贷：所得税费用		31 250.00

53. 借：本年利润	129 399.87	
贷：利润分配——未分配利润		129 399.87

54. 借：利润分配——提取法定盈余公积	12 940.00	
——提取任意盈余公积	6 470.00	
贷：盈余公积——法定盈余公积		12 940.00
——任意盈余公积		6 470.00

55. 借：利润分配——应付普通股股利	465 879.97	
贷：应付股利		465 879.97

（2 200 000 + 129 399.87）×20% = 465 879.97（元）

56. 借：利润分配——未分配利润	485 289.97	
贷：利润分配——提取法定盈余公积		12 940.00
——提取任意盈余公积		6 470.00
——应付普通股股利		465 879.97

附录 2

综合实训经济业务的主要会计科目期末余额

报表科目	一级科目	一级科目期末余额	二级科目	三级科目	明细期末余额	报表期末余额
货币资金	库存现金	20 550.00			20 550.00	22 321 428.50
	银行存款	21 046 078.50	中行常州延陵路支行		12 568 175.50	
			建行常州新北区支行		8 477 903.00	
	其他货币资金	1 254 800.00	存出投资款	国泰君安证券	454 800.00	
			外埠存款	招行广州市城建路分理处	600 000.00	
				广发行深圳世纪公园分理处	200 000.00	
应收票据	应收票据	0.00	银川丝路飞天电脑城		0.00	
			常州黑牡丹毛纺集团		0.00	
			咸阳机械厂		0.00	
应收账款	应收账款	4 106 570.00	苏宁百货		220 000.00	4 071 570.00
			哈尔滨数字设备交易中心		2 959 500.00	
			西安鑫博电脑广场		799 970.00	
			北京昌平京城现代电脑销售公司		0.00	
			重庆百脑汇电脑城		77 100.00	
			常州天宁电器超市		50 000.00	
	坏账准备	-35 000.00			-35 000.00	

续表

报表科目	一级科目	一级科目期末余额	二级科目	三级科目	明细期末余额	报表期末余额
其他应收款	其他应收款	0.00	质检部	王佳城	0.00	0.00
存货	周转材料	1 300 000.00	工作服		0.00	31 601 999.15
			包装物		1 300 000.00	
	原材料	1 666 610.00	GE 材料		44 000.00	
			PCB 板		88 000.00	
			金属薄膜		7 700.00	
			天然橡胶		24 500.00	
			合成橡胶		79 610.00	
			其他原材料加总（见“原材料期初明细”）		1 422 800.00	
	自制半成品	13 253 284.70	主板		3 033 204.44	
			硬盘		5 298 512.56	
			显示器		4 921 567.70	
	生产成本	2 623 872.70	基本生产成本	主板车间	521 088.81	
				硬盘车间	277 907.04	
				显示器车间	582 285.20	
				装配车间	1 242 591.65	
			辅助生产成本	机修车间	0.00	
	库存商品	12 770 231.75	中宇天腾台式电脑		5 912 826.37	
			中宇酷腾笔记本电脑		6 857 405.38	
	存货跌价准备	-12 000.00			-12 000.00	

续表

报表科目	一级科目	一级科目期末余额	二级科目	三级科目	明细期末余额	报表期末余额
长期股权投资	长期股权投资	7 535 200.00	茅台酒		3 000 000.00	7 523 200.00
			复星医药		1 000 000.00	
			深圳航空		990 000.00	
			海南航空		2 545 200.00	
	长期股权投资减值准备	－12 000.00			－12 000.00	
固定资产	固定资产原值	55 610 400.00	主板车间		14 300 000.00	51 127 100.00
			硬盘车间		9 500 000.00	
			显示器车间		12 500 000.00	
			装配车间		8 500 000.00	
			机修车间		970 000.00	
			管理部门		5 300 000.00	
			销售部		3 040 400.00	
			仓库		1 500 000.00	
	累计折旧	－4 461 300.00			－4 461 300.00	
	固定资产减值准备	－22 000.00			－22 000.00	
在建工程	在建工程	0.00	主板流水线		0.00	0.00
工程物资	工程物资	251 600.00	预制件		100 000.00	251 600.00
			钢筋		150 000.00	
			水泥		1 600.00	

续表

报表科目	一级科目	一级科目期末余额	二级科目	三级科目	明细期末余额	报表期末余额
无形资产	无形资产	1 560 000.00	商标权		1 200 000.00	1 340 000.00
			专利权		360 000.00	
	累计摊销	-216 000.00			-216 000.00	
	无形资产减值准备	-4 000.00			-4 000.00	
资产合计		118 236 897.65			118 236 897.65	118 236 897.65
短期借款	短期借款	965 665.00	中行三个月短期借款		0.00	965 665.00
			建行九个月短期借款		965 665.00	
应付票据	应付票据	3 000 000.00	建行六个月银票		1 200 000.00	3 000 000.00
			中行六个月银票		1 800 000.00	
应付账款	应付账款	1 105 732.20	海南橡胶集团		220 732.20	1 105 732.20
			深圳高能分子材料厂		800 000.00	
			银川丝路飞天电脑城		85 000.00	
应付职工薪酬	应付职工薪酬	942 200.00	工资		942 200.00	942 200.00
			社会保险费		0.00	
应交税费	应交税费	540 539.98	应交增值税	进项税额	0.00	540 539.58
				销项税额	0.00	
				应交未交税额	399 217.80	
			应交城市维护建设税		33 300.25	
			应交教育费附加		14 271.53	
			应交企业所得税		93 750.00	
			应交个人所得税		0.00	

续表

报表科目	一级科目	一级科目期末余额	二级科目	三级科目	明细期末余额	报表期末余额
其他应付款	其他应付款	0.00	社会保险金		0.00	0.00
			住房公积金		0.00	
预收账款	预收账款	0.00	重庆百脑汇电脑城		0.00	0.00
应付利息	应付利息	166 506.00	建行九个月短期借款		18 106.00	168 506.00
			中行一年期流动资金借款		150 400.00	
应付股利	应付股利	465 879.97			465 879.97	465 879.97
长期借款	长期借款	7 524 855.00	中行一年期借款		7 524 855.00	7 524 855.00
实收资本	实收资本	97 560 000.00	台湾厚德资本		35 000 000.00	97 560 000.00
			江苏江阴天行健集团		45 000 000.00	
			美国旧金山 Dr. Richard Richy		12 560 000.00	
			江苏丹阳天能高新材料有限公司		5 000 000.00	
资本公积	资本公积	1 900 000.00	其他资本公积		1 900 000.00	1 900 000.00
盈余公积	盈余公积	3 619 410.00	法定盈余公积		2 412 940.00	3 619 410.00
			任意盈余公积		1 206 470.00	
未分配利润	未分配利润	444 109.00			444 109.90	444 109.90
负债 + 所有者权益		118 236 897.65			118 236 897.65	118 236 897.65

附录 3

实训相关的法规与制度

一、会计人员职业道德

会计人员在会计工作中应当遵守职业道德，树立良好的职业品质、严谨的工作作风，严守工作纪律，努力提高工作效率和工作质量。

会计人员应当热爱本职工作，努力钻研业务，使自己的知识和技能适应所从事工作的要求。

会计人员应当熟悉财经法律、法规、规章和国家统一会计制度，并结合会计工作进行广泛宣传。

会计人员应当按照会计法律、法规和国家统一会计制度规定的程序和要求进行会计工作，保证所提供的会计信息合法、真实、准确、及时、完整。

会计人员办理会计事务应当实事求是、客观公正。

会计人员应当熟悉本单位的生产经营和业务管理情况，运用掌握的会计信息和会计方法，为改善单位内部管理、提高经济效益服务。

会计人员应当保守本单位的商业秘密。除法律规定和单位领导人同意外，不能私自向外界提供或者泄露单位的会计信息。

会计人员违反职业道德的，由所在单位进行处罚；情节严重的，由会计证发证机关吊销其会计证。

（摘自中华人民共和国财政部 1996 年 6 月 17 日发布的《会计基础工作规范》）

二、结算方式规章

1. 现金管理

第二条　凡在银行和其他金融机构（以下简称开户银行）开立账户的机关、团体、部队、企业、事业单位和其他单位（以下简称开户单位），必须依照本条例的规定收支和使用现金，接受开户银行的监督。

第五条　开户单位可以在下列范围内使用现金：（一）职工工资、津贴；（二）个人劳务报酬；（三）根据国家规定颁发给个人的科学技术、文化艺术、体育等各种奖金；（四）各种劳保、福利费用以及国家规定的对个人的其他支出；（五）向个人收购农副产品和其他物资的价款；（六）出差人员必须随身携带的差旅费；（七）结算起点以下的零星支出；（八）中国人民银行确定需要支付现金的其他支出。

欠款结算起点定为一千元。

第六条 除本条例第五条第（五）、（六）项外，开户单位支付给个人的款项，超过使用现金限额的部分，应当以支票或者银行本票支付；确需全额支付现金的，经开户银行审核后，予以支付现金。

第七条 转账结算凭证在经济往来中，具有同现金相同的支付能力。

开户单位在销售活动中，不得对现金结算给予比转账结算优惠待遇；不得拒收支票、银行汇票和银行本票。

第八条 机关、团体、部队、全民所有制和集体所有制企业事业单位购置国家规定的专项控制商品，必须采取转账结算方式，不得使用现金。

第九条 开户银行应当根据实际需要，核定开户单位 3 天至 5 天的日常零星开支所需的库存现金限额。

边远地区和交通不便地区的开户单位的库存现金限额，可以多于 5 天的，但不得超过 15 天的日常零星开支。

第十条 经核定的库存现金定额，开户单位必须严格遵守。需要增加或者减少库存现金限额的，应当向开户银行提出申请，由开户银行核定。

第十一条 开户单位现金收支应当依照下列规定办理：

（一）开户单位现金收入应当于当日送存开户银行。当日送存确有困难的，由开户银行确定送存时间。

（二）开户单位支付现金，可以从本单位库存现金限额中支付或者从开户银行提取，不得从本单位的现金收入中直接支付（即坐支）。因特殊情况需要坐支现金的，应当事先报经开户银行审查批准，由开户银行核定坐支范围和限额。坐支单位应当定期向开户银行报送坐支金额和使用情况。

（三）开户单位根据本条例第五条和第六条的规定，从开户银行提取现金，应当写明用途，由本单位财会部门负责人签字盖章，经开户银行审核后，予以支付现金。

（四）因采购地点不固定，交通不便，生产或者市场急需，抢险救灾以及其他特殊情况必须使用现金的，开户单位应当向开户银行提出申请，由本单位财会部门负责人签字盖章，经开户银行审核后，予以支付现金。

第十八条 一个单位在几家银行开户的，由一家开户银行负责现金管理工作，核定开户单位库存现金限额。

第二十条 开户单位有下列情形之一的，开户银行应当依照中国人民银行的规定，责令其停止违法活动，并可根据情节轻重处以罚款：（一）超出规定范围、限额使用现金的；（二）超出核定的库存现金限额留存现金的。

第二十一条 开户单位有下列情形之一的，开户银行应当依照中国人民银行的规定，予以警告或者罚款；情节严重的，可在一定期限内停止对该单位的贷款或者停止对该单位的现金支付：（一）对现金结算给予比转账结算优惠待遇的；（二）拒收支票、银行汇票和银行本票的；（三）违反本条例第八条规定，不采取转账结算方式购置国家规定的专项控制商品的；（四）用不符合财务会计制度规定的凭证顶替库存现金的；（五）用转账凭证套换现金的；（六）编造用途套取现金的；（七）互相借用现金的；（八）利用账户替其他单位和个人套取现金的；（九）将单位的现金收入按个人储蓄方式存入银行的；（十）保留账外公款的；（十一）未经批准坐支或者未按开户银行核定的坐支范围和限额坐支现金的。

第二十五条　本条例自1988年10月1日起施行。1977年11月28日发布的《国务院关于实行现金管理的决定》同时废止。

（摘自中华人民共和国国务院1988年9月8日发布的《现金管理暂行条例》）

2. 人民币银行结算账户管理

存款在中国境内的银行开立的银行结算账户适用本办法。

存款人，是指在中国境内开立银行结算账户的机关、团体、部队、企业、事业单位、其他组织（以下统称单位）、个体工商户和自然人。

银行结算账户，是指银行为存款人开立的办理资金收付结算的人民币活期存款账户。

银行结算账户按存款人分为单位银行结算账户和个人银行结算账户。

存款人以单位名称开立银行结算账户为单位银行结算账户。单位银行结算账户按用途分为基本存款账户、一般存款账户、专用存款账户、临时存款账户。

个体工商户凭营业执照以字号或经营者姓名开立的银行结算账户纳入单位银行结算账户管理。

存款人凭个人身份证件以自然人名称开立的银行结算账户为个人银行结算账户。单位银行结算账户的存款人只能在银行开立一个基本存款账户。

基本存款账户是存款人因办理日常转账结算和现金收付需要开立的银行结算账户。下列存款人，可以申请开立基本存款账户：（1）企业法人；（2）非法人企业；（3）机关、事业单位；（4）团级（含）以上军队、武警部队及分散执勤的支（分）队；（5）社会团体；（6）民办非企业组织；（7）异地常设机构；（8）外国驻华机构；（9）个体工商户；（10）居民委员会、村民委员会、社区委员会；（11）单位设立的独立核算的附属机构；（12）其他组织。基本存款账户是存款人的主办账户。存款人日常经营活动的资金收付及其工资、奖金和现金的支取，应通过该账户办理。

一般存款账户是存款人因借款或其他结算需要，在基本存款账户开户银行以外的银行营业机构开立的银行结算账户。一般存款账户用于办理存款人借款转存、借款归还和其他结算的资金收付。该账户可以办理现金缴存，但不得办理现金支取。

专用存款账户是存款人按照法律、行政法规和规章，对其特定用途资金进行专项管理和使用而开立的银行结算账户。对下列资金的管理与使用，存款人可以申请开立专用存款账户：（1）基本建设资金；（2）更新改造资金；（3）财政预算外资金；（4）粮、棉、油收购资金；（5）证券交易结算资金；（6）期货交易保证金；（7）信托基金；（8）金融机构存放同业资金；（9）政策性房地产开发资金；（10）单位银行卡备用金；（11）住房基金；（12）社会保障基金；（13）收入汇缴资金和业务支出资金；（14）党、团、工会设在单位的组织机构经费；（15）其他需要专项管理和使用的资金。专用存款账户用于办理各项专用资金的收付。

临时存款账户是存款人因临时需要并在规定期限内使用而开立的银行结算账户。有下列情况，存款人可以申请开立临时存款账户：（1）设立临时机构；（2）异地临时经营活动；（3）注册验资。

个人银行结算账户是自然人因投资、消费、结算等而开立的可办理支付结算业务的存款账户。有下列情况的，可以申请开立个人银行结算账户：（1）使用支票、信用卡等信用支付工具的；（2）办理汇兑、定期借记、定期贷记、借记卡等结算业务的。自然人可根据需要申请开立个人银行结算账户，也可以在已开立的储蓄账户中选择并向开户银行申请确认为个人银行结算账户，也可以在已开立的储蓄账户中选择并向开户银行申请确认为个人银行结算账户。个人银行结算账户用于办理个人转账收付和现金存取。下列款项可以转为个人银行结算账户：（1）工资、奖金收入；（2）稿费、演出费等劳务收入；（3）债券、期货、信托等投资的本金和收益；（4）个人债权或产权转让收益；（5）个人贷款转存；（6）证券交易结算资金和期货交易保证金；（7）继承、赠与款项；（8）保险理赔、保费退还等款项；（9）纳税退还；（10）农、副、矿产品销售收入；（11）其他合法款项。

（摘自中国人民银行 2003 年 4 月 10 日公布的《人民币银行结算账户管理办法》）

3. 支付结算办法

《支付结算办法》由中国人民银行制定，自 1997 年 12 月 1 日起施行。本办法共五章，260 条。包括；第一章总则；第二章票据；第一节基本规定，第二节银行汇票，第三节商业汇票，第四节银行本票。第五节支票；第三章信用卡；第四章结算方式，第一节基本规定，第二节汇总，第三节托收承付，第四节委托收款；第五章结算纪律与责任；附一：正确填写票据和结算凭证的基本规定；附二：支付结算业务收费表。

支付结算是指单位、个人在社会经济活动中使用票据、信用卡和汇兑、托收承付、委托收款等结算方式进行货币给付及其资金清算的行为。票据是指银行汇票、商业汇票、银行本票和支票。

票据和结算凭证是办理支付结算的工具。单位、个人和银行办理支付结算，必须使用按中国人民银行统一规定印制的票据凭证和统一规定的结算凭证。未使用按中国人民银行统一规定印制的票据，票据无效；未使用中国人民银行统一规定格式的结算凭证，银行不予受理。单位、个人和银行办理支付结算必须遵守下列原则：（1）恪守信用，履约付款；（2）谁的钱进谁的账，由谁支配；（3）银行不垫款。

（摘自中国人民银行发布的《支付结算办法》，自 1997 年 12 月 1 日起施行）

4. 银行汇票规定

银行汇票是出票银行签发的，由其在见票时按照实际结算金额无条件支付给收款人或者持票人的票据。

银行汇票的出票银行为银行汇票的付款人。

单位和个人各种款项结算，均可使用银行汇票。

银行汇票可以用于转账，填明“现金”字样的银行汇票也可以用于支取现金。

签发银行汇票必须记载下列事项：（1）表明“银行汇票的字样”；（2）无条件支付的承诺；（3）出票金额；（4）付款人名称；（5）收款人名称；（6）出票日期；（7）出票人签章。欠缺记载上列事项之一的，银行汇票无效。

银行汇票的提示付款期限自出票日起 1 个月。

持票人超过提示付款期限提示付款的，代理付款人不予受理。

收款人可以将银行汇票背书转让给被背书人。银行汇票的背书转让以不超过出票金额的实际结算金额为准。未填写实际结算金额或实际结算金额超过出票金额的银行汇票不得背书转让。

（摘自中国人民银行发布的《支付结算办法》，自1997年12月1日起施行）

5. 银行本票规定

银行本票是银行签发的，承诺自己在见票时无条件支付确定的金额给收款人或者持票人的票据。单位和个人在同一票据交换区域需要支付各种款项，均可以使用银行本票。银行本票可以用于转账，注明“现金”字样的银行本票可以用于支取现金。

银行本票分为不定额本票和定额本票两种。定额银行本票面额为1千元、5千元、1万元和5万元。

银行本票的出票人，为经中国人民银行当地分支行批准办理银行本票业务的银行机构。

银行本票的提示付款期限自出票日起最长不得超过2个月。

申请人使用银行本票，应向银行填写“银行本票申请书”，填明收款人名称、申请人名称、支付金额、申请日期等事项并签章。申请人和收款人均为个人需要支取现金的，应在“支付金额”栏先填写“现金”字样，后填写支付金额。申请人或收款人为单位的，不得申请签发现金银行本票。申请人应将银行本票交付给本票上记明的收款人。收款人受理银行本票时，应审查有关事项。

银行本票丧失，失票人可以凭人民法院出具的其享有票据权利的证明，向出票银行请求付款或退款。

（摘自中国人民银行发布的《支付结算办法》，自1997年12月1日起施行）

6. 支票规定

支票是出票人签发的，委托办理支票存款业务的银行在见票时无条件支付确定的金额给收款人或者持票人的票据。

支票上印有“现金”字样的为现金支票，现金支票只能用于支取现金。支票上印有“转账”字样的为转账支票，转账支票只能用于转账。支票上未印有“现金”或“转账”字样的为普通支票，普通支票可以用于支取现金，也可以用于转账。在普通支票左上角划两条平行线的，为划线支票，划线支票只能用于转账，不得支取现金。

单位和个人在同一票据交换区域的各种款项结算，均可以使用支票。支票的出票人，为在经中国人民银行当地分支行批准办理支票业务的银行机构开立可以使用支票的存款账户的单位和个人。

签发支票必须记载下列事项：（1）表明“支票”的字样；（2）无条件支付的委托；（3）确定的金额；（4）付款人名称；（5）出票日期；（6）出票人签章。欠缺记载上列事项之一的，支票无效、支票的付款人为支票上记载的出票人开户银行。

签发现金应使用碳素墨水或墨汁填写，中国人民银行另有规定的除外。

支票的出票人签发支票的金额不得超过付款时在付款人处实有的存款金额。禁止签发空头支票。

支票的提示付款期限自出票日期10日，但中国人民银行另有规定的除外。超过提示付款期限的，持票人开户银行不予受理，付款人不予付款。

持票人可以委托开户银行收款或直接向付款人提示付款。用于支取现金的支票仅限于收款人向付款人提示付款。持票人委托开户银行收款的支票，银行应通过票据交换系统收妥后入账。持票人委托开户银行收款时，应作委托收款背书，在支票背面背书人签章栏签章、记载“委托收款”字样、背书日期。在被背书人栏记载开户行名称，并将支票和填制的进账单送交开户银行。持票人持用于转账的支票向付款人提示付款时，应在支票背面背书人签章栏签章，并将支票和填制的进账单交送出票人开户银行。收款人持用于支取现金的支票向付款人提示付款时，应在支票背面“收款人签章”处签章，持票人为个人的，还需交验本人身份证件，并在支票背面注明证件名称、号码及发证机关。

（摘自中国人民银行发布的《支付结算办法》，自 1997 年 12 月 1 日起施行）

7. 汇兑规定

汇兑是汇款人委托银行将其款项支付给收款人的结算方式。

单位和个人的各种款项的结算，均可使用汇兑结算方式。

汇兑分为信汇、电汇两种，由汇款人选择使用。

签发汇兑凭证必须记载下列事项：（1）表明“信汇”或“电汇”的字样；（2）无条件支付的委托；（3）确定的金额；（4）收款人名称；（5）汇款人名称；（6）汇入地点、汇入行名称；（7）汇出地点、汇出行名称；（8）委托日期；（9）汇款人签章。汇兑凭证上欠缺上列记载事项之一的，银行不予受理。

汇兑凭证记载的汇款人名称、收款人名称，其在银行开立存款账户的，必须记载其账号。欠缺记载的，银行不予受理。

（摘自中国人民银行发布的《支付结算办法》，自 1997 年 12 月 1 日起施行）

8. 托收承付规定

托收承付是根据购销合同由收款人发货后委托银行向异地付款人收取款项，由付款人向银行承认付款的结算方式。

使用托收承付结算方式的收款单位和付款单位，必须是国有企业、供销合作社以及经营管理较好，并经开户银行审查同意的城乡集体所有制工业企业。

办理托收承付结算的款项，必须是商品交易，以及因商品交易而产生的劳务供应的款项。代销、寄销、赊销商品的款项，不得办理托收承付结算。

收付双方使用托收承付结算必须签有符合《经济合同法》的购销合同，并在合同上订明使用托收承付结算方式。

托收承付结算每笔金额起点为 1 万元。新华书店系统每笔的金额起点为 1 千元。

托收承付结算款项的划回方法，分邮寄和电报两种，由收款人选用。

签发托收承付凭证必须记载下列事项：（1）表明“托收承付”的字样；（2）确定的金额；（3）付款人名称及账号；（4）收款人名称及账号；（5）付款人开户银行名称；（6）收款人开户银行名称；（7）托收附寄单证张数或册数；（8）合同名称、号码；（9）委托日期；（10）收款人签章。托收承付凭证上欠缺记载上列事项之一的，银行不予受理。

收款人按照签订的购销合同发货后，委托银行办理托收。

付款人开户银行收到托收凭证及其附件后，应当及时通知付款人。付款人应在承付期内审查核对，安排资金。承付货款分为验单付款和验货付款两种，由收付双方商量选用，并在合同中明确规定。

（摘自中国人民银行发布的《支付结算办法》，自1997年12月1日起施行）

9. 委托收款规定

委托收款是收款人委托银行向付款人收取款项的结算方式。

单位和个人凭已承兑商业汇票、债券、存单等付款人债务证明办理款项的结算，均可以使用委托收款结算方式。

委托收款在同城、异地均可以使用。

委托收款结算款项的划回方式，分邮寄和电报两种，由收款人选用。

签发委托收款凭证必须记载下列事项：（1）表明“委托收款”字样；（2）确定的金额；（3）付款人名称；（4）收款人名称；（5）委托收款凭据及附寄单证张数；（6）委托日期；（7）收款人签章。欠缺记载上列事项之一的，银行不予受理。

收款人办理委托收款应向银行提交委托收款凭证和有关的债务证明。

银行接到寄来的委托收款凭证及债务证明，审查无误办理付款。（1）以银行为付款人的，银行应在当日将款项主动支付给收款人；（2）以单位为付款人的，银行应及时通知付款人，按照有关办法规定，需要将有关债务证明交给付款人的应交给付款人，并签收。

在同城范围内，收款人收取公用事业费或根据国务院的规定，可以使用同城特约委托收款。

收取公用事业费，必须具有收付双方事先签订的经济合同，由付款人向开户银行授权，并经开户银行同意，报经中国人民银行当地分支行批准。

（摘自中国人民银行发布的《支付结算办法》，自1997年12月1日起施行）

10. 正确填写票据和结算凭证的基本规定

银行、单位和个人填写的各种票据和结算凭证是办理支付结算和现金收付的重要依据，直接关系到支付结算的准确、及时和安全。票据和结算凭证是银行、单位和个人凭以记载账务的会计凭证，是记载经济业务和明确经济责任的一种书面证明。因此，填写票据和结算凭证，必须做到标准化、规范化，要素齐全、数字正确、字迹清晰、不错漏、不潦草，防止涂改。

（1）中文大写金额数字应用正楷或行书填写，如壹、贰、叁、肆、伍、陆、柒、捌、玖、拾、佰、仟、万、亿、元、角、分、零、整（正）等字样。不得用一、二、三、四、五、六、七、八、九、十、念、毛、另（或0）填写，不得自造简化字。如果金额数字书写中使用繁体字，如貳、陸、億、萬、圓的，也应受理。

（2）中文大写金额数字到“元”为止的，在“元”之后，应写“整”（或“正”）字，在“角”之后可以不写“整”（或“正”）字。大写金额数字有“分”的，“分”后面不写“整”（或“正”）字。

（3）中文大写金额数字前应标明“人民币”字样，大写金额数字应紧接“人民币”字样填写，不得留有空白。大写金额数字前未印“人民币”字样的，应加填“人民币”三字。在票据和结算凭证大写金额栏内不得预印固定的“仟、佰、拾、万、仟、佰、拾、元、角、分”字样。

（4）阿拉伯小写金额数字中有“0”时，中文大写应按照汉语语言规律、金额数字构成和防止涂改的要求进行书写。举例如下：

①阿拉伯数字中间有“0”时，中文大写金额要写“零”字。如￥1 409.50，应写成人民币壹仟肆佰零玖元伍角。

②阿拉伯数字中间连续有几个“0”时，中文大写金额中间可以只写一个“零”字。如￥6 007.14，应写成人民币陆仟零柒元壹角肆分。

③阿拉伯金额数字万位或元位是“0”时，或者数字中间连续有几个“0”，万位、元位也是“0”，但仟位、角位不是“0”时，中文大写金额中可以只写一个零字，也可以不写“零”字。如￥1 680.32，应写成人民币壹仟陆佰捌拾元零叁角贰分，或者写成人民币壹仟陆佰捌拾元叁角贰分；又如￥107 000.53，应写成人民币壹拾万柒仟元零伍角叁分，或者写成人民币壹拾万零柒仟元伍角叁分。

④阿拉伯金额数字角位是“0”，而分位不是“0”时，中文大写金额“元”后面应写成“零”字。如￥16 409.02，应写成人民币壹万陆仟肆佰零玖元零贰分；又如￥325.04，应写成人民币叁佰贰拾伍元零肆分。

（5）阿拉伯小写金额数字前面，均应填写人民币符号“￥”（或草写：￥）。阿拉伯小写金额数字要认真填写，不得连写分辨不清。

（6）票据的出票日期必须使用中文大写。为防止变造票据的出票日期，在填写月、日时，月为壹、贰和壹拾的，日为壹至玖和壹拾、贰拾和叁拾的，应在其前加“零”；日为拾壹至拾玖的，应在其前加“壹”。如1月15日，应写成零壹月壹拾伍日。再如10月20日，应写成零壹拾月零贰拾日。

（7）票据出票日期使用小写填写的，银行不予受理。大写日期未按要求规范填写的，银行可予受理，但由此造成损失的，由出票人自行承担。

（摘自中国人民银行发布的《支付结算办法》，自1997年12月1日起施行）

三、违反会计工作规范的法律责任

1.《中华人民共和国会计法》摘录

第六章 法律责任

第四十二条 违反本法规定，有下列行为之一的，由县级以上人民政府财政部门责令限期改正，可以对单位并处三千元以上五万元以下的罚款；对其直接负责的主管人员和其他直接责任人员，可以处二千元以上和二万元以下的罚款；属于国家工作人员的，还应当由其所在单位或者有关单位给予行政处分：

（一）不依法设置会计账簿的；

（二）私设会计账簿的；

（三）未按照规定填制、取得原始凭证或者填制、取得的原始凭证不符合规定的；

（四）以未经审核的会计凭证为依据登记会计账簿或者登记会计账簿不符合规定的；

（五）随意变更会计处理办法的；

（六）向不同的会计资料使用者提供的财务会计报告编制依据不一致的；

（七）未按照规定使用会计记录文字或者记账本位币的；

（八）未按照规定保管会计资料，致使会计资料毁损、灭失的；

（九）未按照规定建立并实施单位内部会计监督制度或者拒绝依法实施的监督或者不如

实提供有关会计资料及有关情况的；

（十）任用会计人员不符合本法规定的。

有前款所列行为之一，构成犯罪的，依法追究刑事责任。

会计人员有第一款所列行为之一，情节严重的，由县级以上人民政府部门吊销会计从业资格证书。

有关法律对第一款所列行为的处罚另有规定的，依照有关法律的规定办理。

第四十三条　伪造、变造会计凭证、会计账簿，编制虚假财务会计报告，构成犯罪的，依法追究刑事责任。

有前款行为，尚不构成犯罪的，由县级以上人民政府财政部门予以通报，可以对单位并处五千元以上十万元以下的罚款；对其直接负责的主管人员和其他直接责任人员，可以处三千元以上五万元以下的罚款；属于国家工作人员的，还应当由其所在单位或者有关单位依法给予撤职直至开除的行政处分；对其中的会计人员，由县级以上人民政府财政部门吊销会计从业资格证书。

第四十四条　隐匿或者故意销毁依法应当保存的会计凭证、会计账簿、财务会计报告，构成犯罪的，依法追究刑事责任。

有前款行为，尚不构成犯罪的，由县级以上人民政府财政部门予以通报，可以对单位并处五千元以上十万元以下的罚款；对其直接负责的主管人员和其他直接责任人员，可以处三千元以上五万元以下的罚款；属于国家工作人员的，还应当由其所在单位或者有关单位依法给予撤职直至开除的行政处分；对其中的会计人员，由县级以上人民政府财政部门吊销会计从业资格证书。

第四十五条　授意、指使、强令会计机构、会计人员及其他人员伪造、变造会计凭证、会计账簿，编制虚假财务会计报告或者隐匿、故意销毁依法应当保存的会计凭证、会计账簿、财务会计报告，构成犯罪的，依法追究刑事责任；尚不构成犯罪的可以处以五千元以上五万元以下的罚款；属于国家工作人员的，还应当由其所在单位或者有关单位依法给予降级、撤职、开除的行政处分。

第四十六条　单位负责人对依法履行职责、抵制违反本法规定行为的会计人员以降级、撤职、调离工作岗位、解聘或者开除等方式实行打击报复，构成犯罪的，依法追究刑事责任；尚不构成犯罪的，由其所在单位或者有关单位依法给予行政处分。对受打击报复的会计人员，应当恢复其名誉和原有职务、级别。

第四十七条　财政部门及有关行政部门的工作人员在实施监督管理中滥用职权、玩忽职守、徇私舞弊或者泄露国家秘密、商业秘密，构成犯罪的，依法追究刑事责任；尚不构成犯罪的，依法给予行政处分。

第四十八条　违反本法第三十条规定，将检举人姓名和检举材料转给被检举单位和被检举人个人的，由所在单位或者有关单位依法给予行政处分。

第四十九条　违反本法规定，同时违反其他法律规定的，由有关部门在各自职权范围内依法进行处罚。

（摘自《中华人民共和国会计法》，1985 年 1 月 21 日第六届全国人民代表大会常务委员会第九次会议通过，1993 年 12 月 29 日第八届全国人民代表大会常务委员会第五次会议修订通过，1999 年 10 月 31 日第九届全国人民代表大会常务委员会第十二次会议修订通过）

2. 伪造、变造会计凭证

（1）伪造会计凭证。伪造会计凭证的行为，是指以虚假的经济业务或者资金往来为前提，编制虚假会计凭证的行为。伪造会计凭证的行为有：伪造根本不存在的反映经济事项的原始凭证；以存在的会计经济事项为基础，用夸大、缩小或隐匿事实的手法进行伪造原始凭证，如制作假发票、假收据、假工资表等假的原始凭证；由于会计人员审核不严或玩忽职守、丧失原则，以伪造的原始凭证为基础，填制的记账凭证，如根据假发票凭空编制记账凭证的行为等。

（2）变造会计凭证。变造会计凭证的行为，是指采用涂改、挖补以及其他方法改变会计凭证真实内容的行为。变造会计凭证的行为有：涂改原始凭证中的日期、数量、单价、金额等内容；利用计算机、复印机等先进工具对原始凭证进行二次处理；由于会计人员审核不严或玩忽职守、丧失原则，以变造的原始凭证为基础，填制的记账凭证，如根据涂改后的发票编制记账凭证的行为等。

（3）会计凭证舞弊方式。①原始凭证舞弊方式。行为人为达到某种目的或为掩盖违法乱纪行为，以将不合法的收支项目变通为合法的收支项目，或利用涂改、挖补、刮擦，或使用化学药品，或利用计算机、复印机以及其他方法，改变会计凭证日期、抬头、数量、单价、金额、事项等真实内容，制作假发票，假收据，假工资表等假的原始凭证，编造假的经济业务，夸大或缩小经济业务。一般有伪造原始凭证、篡改原始凭证、盗用原始凭证、贱买原始凭证、多次使用多联原始凭证、复用废弃原始凭证、编造大头小尾原始凭证和使用白条等。②记账凭证舞弊方式。行为人为达到某种目的或为掩盖违法乱纪行为，以多记开支、少记收入、隐匿收入、虚报冒领、调节收益、转移资金等手段而实行的记账凭证舞弊。记账凭证舞弊的方式，一般有编制依据的记账凭证，编制会计账户对应关系混淆的记账凭证，编制金额与所附原始凭证金额不一致的记账凭证，编制重复经济业务的记账凭证等。

3. 伪造、变造会计账簿

（1）伪造会计账簿。伪造会计账簿的行为，是指违反《会计法》和国家统一的会计制度的规定，根据伪造或者变造的虚假会计凭证填制会计账簿，或者不按要求登记账簿，或者对内对外采用不同的确认标准、不同的计算方法编造虚假会计账簿的行为。如有意使用错误的账户、改变账户对应关系、混淆经济性质；故意制造事故（火灾），造成账簿不慎被毁的假象；隐匿收入，不报账、不交公等。

（2）变造会计账簿。变造会计账簿的行为，是指采取涂改、挖补或者其他手段改变会计账簿的真实内容的行为。如篡改有关账簿，改变会计账簿所记录的依据、日期、字号、单位名称、摘要、数量、单价、金额等；利用计算机对账户记录进行二次处理，改变会计账簿的真实记录。

（3）会计账簿舞弊方式。行为人为达到某种目的，或为掩盖违法乱纪行为，隐藏事实真相，如隐匿收入，虚报冒领等，而在记账、算账、转账、结账、报账等过程中进行会计账簿舞弊。会计账簿舞弊的方式，一般有涂改账目、毁灭记录、销毁账簿、损坏账页、不按规定登账、无证记账、有证不记账、收入不入或少入账、开支多入或不入账、不正当挂账、虚设坏账、账外记账、虚假结账、不结账、提前结账等。

4. 编制虚假财务会计报告

编制虚假财务会计报告的行为，是指违反《会计法》和国家统一的会计制度的规定，根据虚假的会计账簿记录编制财务会计报告，或者凭空捏造虚假的财务会计报告以及对财务会计报告擅自进行没有依据的修改行为，如以伪造会计凭证、变造会计凭证、伪造会计账簿、变造会计账簿为基础，编制虚假的财务会计报告。

上述伪造、变造会计凭证、会计账簿，编制虚假的财务会计报告的行为，应追究法律责任，情节严重的应追究刑事责任。

5. 伪造、变造会计凭证、会计账簿、编制虚假财务会计报告的法律责任

根据《会计法》的规定，伪造、变造会计凭证、会计账簿、编制虚假财务会计报告的，应当承担以下法律责任。

（1）刑事责任。对于伪造、变造会计凭证、会计账簿，编制虚假财务会计报告的行为，我国刑法明确为犯罪的，主要有以下几种情况：①纳税人采取伪造、变造账簿、记账凭证，在账簿上多列支出或者不列、少列收入等手段，不缴或者少缴应纳税款，偷税数额占应纳税额的百分之十以上不满百分之三十并且偷税数额在一万元以上不满十万元的，或者因偷税被税务机关给予二次行政处罚有偷税的，处三年以下有期徒刑或者拘役，并处偷税数额一倍以上五倍以下罚金；偷税数额占应纳税额的百分之三十以上并且偷税数额在十万元以上的，处三年以上七年以下有期徒刑，并处偷税数额一倍以上五倍以下罚金。扣缴义务人采用前述手段，不缴或者少缴已扣、已收税款，数额占应缴税额的百分之十以上并且数额在一万元以上的，依照前述规定处罚。对多次犯有上述行为，未经处理的，按照累计数额计算。②公司向股东和社会公众提供虚假的或者隐瞒重要事实的财务会计报告，严重损害股东或者其他人利益的，对其直接负责的主管人员和其他直接责任人员，处三年以下有期徒刑或者拘役，并处或者单处二万元以上二十万元以下罚金。③承担资产评估、验资、验证、会计、审计、法律服务等职责的中介组织的人员故意提供虚假证明文件（包括虚假的财务会计报告），情节严重的，处五年以下有期徒刑或者拘役，并处罚金。上述人员，索取他人财务或者非法收受他人财务，犯本罪的，处五年以上十年以下有期徒刑，并处罚金。

此外，如果行为人为虚报注册资本、虚假出资、抽逃出资、贪污、挪用公款、侵占企业财产、私分国有资产、私分罚没财物，实施伪造、变造会计凭证、会计账簿、编制虚假财务会计报告的行为，应当按照刑法的有关规定分别定罪、处罚。

（2）行政责任。伪造、变造会计凭证、会计账簿或者编制虚假财务会计报告，情节较轻，社会危害不大，根据刑法的有关规定尚不构成犯罪的，应当承担相应的行政责任，具体包括：①通报。由县级以上人民政府财政部门采取通报的方式对违法行为人予以批评、公告，并通过一定的媒介在一定的范围内公布。②罚款。县级以上人民政府财政部门视违法行为情节轻重，在予以通报的同时，可以对单位并处五千元以上十万元以下的罚款，对其直接负责的主管人员和其他直接责任人员，可以处三千元以上五千元以下的罚款。③行政处分。对上述所列违法行为直接负责的主管人员和其他直接责任人员中的国家工作人员，应当由其所在单位或者有关单位依法给予撤职直至开除的行政处分。④吊销会计从业资格证书。对其中的会计人员，并由县级以上人民政府财政部门吊销会计从业资格证书。

致　谢

时值本书交稿之际，心中百感交集。

首先要感谢一直无保留支持我的亲爱的学生们，他们是李捷、安大强、杨秋菊、曾李洁、张艳雨、张冬梅、王潇涵、徐煌方和陈嵩森，感谢这些爱我的小朋友们的无私支持，各自帮我完成了一定的录入工作，使本书综合实训部分的凭证票据样张等得以有了电子版。

感谢关心和支持一线教学工作的海南大学教务处的领导们对本书的认可，以及授予本书的海南大学自编教材出版资助。

万分感谢海南大学陈险峰副校长所给予的肯定和支持。

感谢中国财政经济出版社的宋学军编辑，没有这位敬业、平和、认真、负责并且循循善诱的编辑的善意提示，本书不可能在完稿以后还作多次的修改，不可能以现在这样的面貌呈现于读者眼前。

没有上述关心、帮助和支持，本书不可能顺利出版，在此一并致以万分的谢意！

编者

2016 年 9 月 24 日